기도가
된
　편지

기도가 된 편지

지은이 | 서만철
초판 발행 | 2019. 2. 20
3쇄 발행 | 2022. 6. 11
등록번호 | 제1988-000080호
등록된 곳 | 서울특별시 용산구 서빙고로65길 38
발행처 | 사단법인 두란노서원
영업부 | 2078-3352　FAX | 080-749-3705
출판부 | 2078-3331

책값은 뒤표지에 있습니다.
ISBN 978-89-531-3392-1 03230　Printed in Korea

독자의 의견을 기다립니다.
tpress@duranno.com　www.duranno.com

두란노서원은 바울 사도가 3차 전도여행 때 에베소에서 성령 받은 제자들을 따로 세워 하나님의 말씀으로 양육하던 장소입니다. 사도행전 19장 8-20절의 정신에 따라 첫째 목회자를 돕는 사역과 평신도를 훈련시키는 사역, 둘째 세계선교(TIM)와 문서선교(단행본·잡지) 사역, 셋째 예수문화 및 경배와 찬양 사역, 그리고 가정·상담 사역 등을 감당하고 있습니다. 1980년 12월 22일에 창립된 두란노서원은 주님 오실 때까지 이 사역들을 계속할 것입니다.

기도가 된 편지

한국을 사랑했던
프랭크 윌리엄스 선교사의 편지

서만철 지음

두란노

【 연보 】

프랭크 윌리엄스
(Rev. Frank E. C. Williams, 한국명 우리암)

1883년	미국 콜로라도 주 뉴윈저에서 출생
1906년	미국 덴버대학교 졸업
	미국 감리회 선교사로 내한하여 영명학교 초대, 2대 교장 선임(34년)
1940년	일제에 의해 강제 추방되어 인도로 건너감
1945년	미군정 농림부 자문위원에 재임돼 한국으로 돌아옴
1946년	일본 구주 지방에서 선교 활동
1954년	47년 동안의 해외 선교 활동을 마치고 미국으로 돌아감
1962년	향년 79세로 별세함
	미국 LA 인근 포레스트론(Forest Lawn) 공원묘지에 안장됨

유족

부인	앨리스 윌리엄스(Alice L. Williams)
장남	우광복(George Z. Williams)
차남	우룡복(Williams H. Williams)
삼남	우류복(Robert L. Williams)

【 목차 】

연보　프랭크 윌리엄스 4

머리말 100년 전 이 땅에 온 프랭크 윌리엄스 선교사를 기억하며 8

제1부 / 선교 기지 공주와 영명동산

1. 윌리엄스 선교사가 45년간 쓴 편지, 우연 혹은 필연 17
2. 올리브의 죽음 23
3. 풍토병을 피해 지리산 선교사 휴양촌으로 29
4. 여동생의 죽음을 평생 간직한 오빠 38
5. 기도로 세운 학교 45
6. 선교사와 나무 이야기 53

제2부 / 하나님의 역사를 만들며

7. 편지로 키운 초대 충청남도지사 황인식 71
8. 조선 선교를 위해 농업 전문가가 되다 80
9. 빵을 굽고 닭을 쳐서 장모님이 보낸 선교비 86
10. '괭이'에서 '영사기'까지 전천후 교육 사업 91
11. 일제의 사립학교 탄압과 희망의 노래 100
12. 눈물 어린 선교 현장 - 가난한 과부의 두 렙돈 113

제3부 / 사람을 살리고 키우는 선교

13. 2천 년 전 바울도 조심한 선교비 123
14. 우유 부엌(milk kitchen)으로 갓난아이들을 살리다 137
15. 성령과 돈 사이 146
16. 일본 경찰 감독하에 열리는 교단 총회 152
17. 선교사 추방과 새로운 선교지 인도 164

제4부 / 한 알의 밀알이 맺은 열매

18. 다시 한국으로 금의환향 175
19. 미군정 농업정책 고문관 그리고 선교사 183
20. 광복 후의 혼란과 신탁 통치 반대 190
21. 순교자 기념 교회 199
22. 유관순 열사의 스승 앨리스 샤프 선교사 204

참고 문헌 및 자료 222

【 머리말 】 100년 전 이 땅에 온 프랭크 윌리엄스 선교사를 기억하며

어느 늦은 봄날, 뒷동산 등산길 듬성듬성 자란 풀 사이로 초라한 묘지 몇 기가 눈에 들어왔다. 묘마다 허름한 비석이 놓여 있는데, 자세히 보니 희미한 알파벳으로 이름과 출생과 사망 일자만 적혀 있는 젊은 선교사와 어린 자녀들의 묘지였다. 비석들은 그 흔한 그럴듯한 문구 하나 쓸 자리도 없는 조그만 돌이었다. 정말 황망 중에 쓴 묘지임을 직감할 수 있었다. 이후 몇 년간 그 일이 마음에 남았다. 일은 그렇게 시작되었다.

선교사들이 남긴 편지 추적도 정말 우연한 기회에 다가왔다. 성경에 쓰인 많은 기적들이 우리 눈에는 우연처럼 보이듯이 말이다. 편지 보따리를 처음 마주했을 땐 정말이지 가슴이 뛰었다. 저 안에 어떠한 내용이 들어 있을까? 그런데 의외였다. 편지의 70퍼센트 이상이 돈에 대한 이야기였다. 처음에는 '선교사의 편지가 왜 이러지?' 하는 마음에 실망스러웠다. 선교사가 쓴 편지라면 적어도 믿음과 영성이 절절 흐르는, 눈물 아니면 읽을 수 없는 그런 내용이어야 한다고 생각했기 때문이다. 하지만 선교사의 삶은 그런 게 아니

었다. 선교사는 생활인의 한 사람으로서 고난의 현장에서 온몸으로 견디며 보여 주는 삶을 살아야 했다. 어린 자녀들을 뒷동산에 묻는 아픔과 제자들이 성장해 가는 기쁨을 함께 나누어야 했다. 이것이 제자들과 주변 사람들에게 예수님의 사랑이 전해지는 비결이었다.

선교사들이 활동하던 시기의 한반도는 그야말로 풍전등화(風前燈火)의 상황이었다. 국가적으로는 500년 된 오랜 왕조 국가 조선이 대한제국으로 나라 이름을 바꾸고 황제 국가로서 자주독립적인 국가임을 선포했지만, 서세동점(西勢東漸)의 국제 정세와 한반도를 삼키고 나아가 아시아를 삼키려던 일제의 흑심이 최고조에 달하던 시기였다. 사회적으로는 수백 년 동안 조선 왕조의 통치 기반이었던 반상제도의 그늘이 드리워져 양반과 상놈의 차별이 극심했으며, 글자를 모르는 사람이 80퍼센트에 달했고, 남녀칠세부동석(男女七歲不同席)으로 대표되는 남녀 차별은 이 땅의 여성들로 하여금 이름조차 없이 살아가게 했다. 또한 경제적으로는 당시 지구상에서 가장 가난한 상태로서 신생아의 절반이 기아와 질병으로 목숨을 잃었다. 오늘날 기아대책 후원 모금을 위해 등장하는 아프리카 오지의 병들어 죽어 가는 아이들이 100년 전 이 땅의 모습이었다.

이런 암울했던 이 땅에 한줄기 빛으로 다가온 사람들이 기독교 선교사들이었다. 1884년에 미국 공사의 주치의 자격으로 조선에 들어온 알렌(H. N. Allen, 1858-1932) 선교사를 필두로 이듬해 1885년 부활절에 감리교의 아펜젤러(H. G. Appenzeller, 1858-1902) 선교사와 장로교의 언더우드(H. G. Underwood, 1859-1916) 선교사 등이 제물포항을 통해 본격적으로 입국한다. 이후 1945년 일제로부터 광복을 되찾기까지 약 1,500여 명의 외국인 선교사들이 이 땅을 찾았다. 개신교 선교 100주년의 해인 1984년까지는 약 3천 명의 서양 선교사들이 한국 선교에 헌신했다. 이렇게 많은 선교사의 파송은 다른 나라에서는 볼 수 없었던 현상으로 보통의 숫자보다 세 배나 많은 파송이었으며, 그 덕분에 오늘의 부강한 자유국가 대한민국이 있음을 감사하지 않을 수 없다.

이들 선교사들은 대부분 미국과 캐나다, 영국 및 호주 등의 영어

권 기독교 국가에서 왔으며, 이 중 70퍼센트에 해당하는 선교사들이 미국에서 왔다. 그들은 당시 대학 교육을 받을 수 있었던 극소수의 엘리트들로서 자국에서도 얼마든지 안락한 삶을 살아갈 수 있었다. 하지만 그들은 그 모든 것을 포기하고 가난한 이 땅에 복음을 들고 목사, 교사, 의사 및 간호사의 신분으로 가족과 함께 들어왔다. 선교사들은 복음 전파는 물론 학교를 세우고 병원을 설립해서 죽어 가는 생명을 살려 내며 이 나라를 근대화시킨 주역들이었다. 그중 한 명이 이 책의 주요 소재가 된 편지들을 쓴 프랭크 윌리엄스(Frank E. C. Williams, 1883-1962) 선교사다.

윌리엄스 선교사는 1906년 미국 덴버대학을 졸업한 후 23세 약관의 나이로 조선에 파송되어 34년간 감리교 충청 지역 선교 책임자 및 공주 영명학교 교장을 지냈다. 일제에 의해 추방된 후에는 인도 선교사로 파송되었다가 광복 후에는 미군정 농업정책 고문관으로 내한해 복음을 전파하고 우리나라의 교육과 농업 발전 및 정부 수립 등에 크게 기여했다. 그러나 가정적으로는 한국에서 태어난 다섯 자녀 중 두 딸을 풍토병으로 잃어 선교지에 묻어야 하는 고난을 겪었다.

윌리엄스 선교사는 본인은 물론 가족들의 일생과 생명, 그리고 이 땅에 바친 선교 사역을 169통의 편지로 남겼다. 이들 편지 속에는 선교사로서의 복음 전파 사역은 물론 고난과 희생의 가족사뿐 아니라 한국의 근현대 역사까지 생생하게 살아 있다. 일제의 탄압을 이겨 내면서 민족 교육을 시켜 온 결과, 충청남도의 3·1 독립운동은 그의 제자들과 그가 세운 영명학교 교사들이 주도했다. 그의 편지에는 그 당시의 살아 있는 이야기들이 꿈틀대고 있었다. 어떠한 형태로든 이 이야기들을 세상에 알려야겠다는 조급함으로 부족한 글을 쓰게 되었다.

이 책을 통해 "땅 끝까지 이르러 내 증인이 되리라"(행 1:8)고 말씀하신 예수님의 명령만을 따라 보장된 안락한 삶을 포기하고 한 생애의 전부와 자녀의 생명까지 바친 선교사들의 숭고한 사역들이 널리 알려지기를 바란다. 또한 이 책이 기독교 신앙이 점점 희미해져 가는 젊은 세대들에게 신앙 회복의 작은 도구가 되기를 소망해 본다.

부족한 책을 내면서 많은 분들의 도움을 받았는데, 특히 이 책에 인용된 편지 내용들과 사진을 공개해 준 미국 연합 감리교회 고문도서관(GCAH, The United Methodist Church)과 미국 장로교역사학회(Presbyterian Historical Society)의 관계자 분들께 감사를 드린다. 또한 편지의 존재를 처음 알게 해 준 동역자 분, 편지의 번역과 정리 및 내용의 구성에 도움을 주신 분들과 특별히 출판을 도와주신 두란노서원에게 감사의 마음을 전한다.

선교사의 숭고한 삶이 널리 알려지기를 바라는 일념으로 부족한 글을 세상에 내놓을 수 있는 기회와 용기를 허락하신 하나님에게 감사드린다.

살구꽃 피는 날을 기다리며 공주 영명동산 선교관에서

서만철

제1부

선교 기지 공주와 영명동산

너희가 기도할 때에
무엇이든지 믿고 구하는 것은
다 받으리라 하시니라

(마 21:22)

1.
윌리엄스 선교사가 45년간 쓴 편지, 우연 혹은 필연

성경에 쓰인 많은 기적들이 우리 눈에는 우연처럼 보인다. 가정적으로나 경제적으로 더할 나위 없이 폭삭 망한 나오미의 큰며느리 룻이 '우연히' 보아스의 밭에서 이삭을 줍는 것으로 시작해서 예수님의 조상 다윗의 증조할머니가 된 사건은 그리스도인이라면 누구나 다 아는 내용이다. 몇 년 전 어느 봄날, 그때도 그랬다. 충남 공주에서 예수에 미쳤다는 소리를 듣는 어느 장로님의 권유로 그분이 감리교단의 총 감독회장을 면담하러 가는 길에 '우연히' 동행하게 되었다.

장로님의 손에는 분홍 보자기로 싼 허름한 보따리가 들려 있었다.

"그냥 가기 뭣해서 조그만 선물로 가져가유."

궁금한 마음에 보자기 안에 무엇이 들어 있는지 물으며 풀어 볼 것을 권했다. 그러자 일제강점기에 공주에서 사역했던 미국인 선교사가 몇 십 년 동안 쓴 편지들인데, 자기는 영어 까막눈이라 혹시 필요할지 몰라 선물로 주려 한다고 말했다.

"그래요? 공주에서 몇 십 년 동안, 그것도 일제강점기에 살았던 외국인의 편지라구요? 그러면 무슨 내용인지는 알고 나서 줘야 하지 않을까요?"

그러면서 나는 그 허름한 보따리를 장로님 손에서 낚아챘다.

서울을 다녀오는 내내 저 보따리 안에 무슨 내용이 들어 있을지 궁금했다. 집에 돌아와 편지 보따리를 처음 풀었을 땐 정말이지 가슴이 뛰었다. 어떠한 내용이 들어 있을까, 아직까지 알려지지 않은 비밀스러운 내용이나 3·1 독립운동에 관한 새로운 사실이 들어 있는 건 아닐까 해서 새벽까지 샅샅이 훑었다.

그런데 의외였다. 편지의 70퍼센트 이상이 돈에 대한 이야기였다. 학교 운영에 필요한 항목별 금액, 농기구 및 소, 돼지, 닭, 토끼를 사는 데 필요한 경비, 영사기 및 필름 구매 대금, 개인과 단체별 헌금 금액, 건물을 지어 달라는 요구, 교사들의 봉급 부족 액수, 기숙사용 민가를 살 돈, 언제까지 돈이 오지 않으면 학교를 문 닫을 수밖에 없다는 절규….

처음에는 실망스러웠다. 선교사의 편지라면 단연 믿음과 영성이 절절 흐르는, 눈물 아니면 읽을 수 없는 내용이어야 한다고 생각했기 때문이다. 하지만 선교사의 삶은 그런 게 아니었다. 그들은 생활인의 한 사람으로서 고난의 현장에서 온몸으로 견디며 보여 주는 삶을 살아야 했다. 어린 자녀들을 뒷동산에 묻는 아픔과 제자들이 성장해 가는 기쁨을 함께 나누어야 했다. 이것이 제자들과 주변 사람들에게 예수님의 사랑이 전해지는 비결이었다.

그런데 뒤늦게 깨달은 것은, 나의 실망의 원인이 다른 데 있었다는 것이다. 충청 지역 선교에 자신의 삶을 송두리째 바친 45년간의 숭고한 선교 보고 글을 접하면서 남들이 알지 못하는 비밀스런 이야기를 찾는 탐욕이 먼저 발동했던 것이다. 좋게 말하면 학자적 탐구심이 되겠지만, 아직까지 세상에 알려지지 않은 비밀스러운 내용이 있는지를 찾으려는 인간적인 욕심이 먼저 앞섰던 것이다.

그런 눈으로 보니 편지의 내용들이 실망스러웠고, '선교사의 편지가 왜 이러지?' 하는 생각과 함께 선교사가 영성이 있네, 없네 하는 엉뚱한 방향으로까지 생각이 미쳤던 것이다. 내 눈의 들보인 탐심 때문에, 모든 것을 포기하고 일생을 바쳐 하나님 나라의 확장을 위해 바다 건너 먼 이국땅까지 와서 예수님의 명령을 수행한 한 선교사의 영성까지 논하다니, 스스로 생각해도 어이없다는 생각이 절로 들었다. 그러면서 많은 회개를 하게 되었다.

이 책의 주요 소재가 된 편지들의 저자는 프랭크 윌리엄스 선교사이며, 한국 이름은 '우리암'(禹利岩)이다.

▶ 프랭크 윌리엄스 선교사와 그의 아내 앨리스. 당시 미국에서도 촉망받는 인재들이었음이 사진에서도 잘 느껴진다(사진: GCAH, The United Methodist Church).

윌리엄스 선교사는 1883년 8월 4일 미국 콜로라도 주 뉴윈저에서 출생했다. 그는 미국 덴버대학교에서 교육을 받은 후 1906년 8월 조선에 파송되어 풍토병으로 안타깝게 순교한 샤프(R. A. Sharp, 1872-1906) 선교사의 후임으로 감리교 충청 지역 선교 책임자로 부임했다.

1906년부터 1940년 일제에 의해 추방될 때까지 34년간 충청 지역 최초의 근대 학교인 공주 영명학교의 교장을 역임하면서 교육선교와 교회 개척에 온 힘을 쏟았다. 추방된 후 5년간은 인도에서 사역하면서 광복군 교육에도 참여했으며, 일제로부터의 해방과 해방된 한국에서 다시 사역하기 위해 많은 기도를 했다.

하나님은 맥아더(Douglas McArthur) 사령관을 통해 윌리엄스 선교사의 기도에 대한 응답을 이루셨다. 당시 최고의 농학 전문가이던 윌리엄스 선교사는 미군정 농업정책 고문관으로 초빙되었으며, 이후 5년간 대한민국 정부 수립과 우리나라의 농업 발전에 큰 기여를 했다. 그는 1906년부터 1950년까지 우리나라 근현대사의 격동기 45년을 온몸으로 겪으며 선교 사역에 관한 글을 169통의 편지로 남겼다.

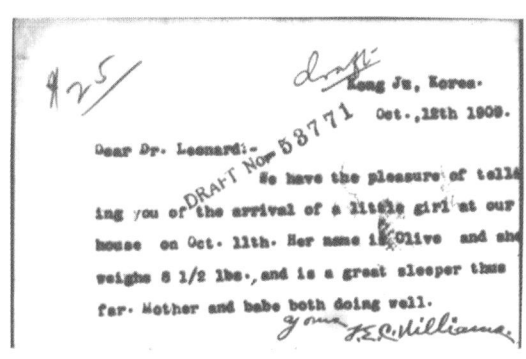

▶ 올리브의 출생을 알리는 전보(사진: GCAH, The United Methodist Church).

윌리엄스 선교사는 아내 앨리스(Alice L. Williams)와의 사이에 3남 2녀를 두었는데 모두 우리나라에서 태어났다. 한글 이름이 우광복인 맏아들 조지(George Z. Williams, 1907-1994)는 이름대로 광복 후에 군의관으로 다시 우리나라에 와서 미군정 책임자 하지(J. R. Hodge) 사령관의 통역관으로서 대한민국 정부 수립에 중요한 역할을 했다.

안타깝게도 그는 딸 올리브(Olive)와 얼(Earl)을 풍토병으로 잃었으며, 맏아들 조지는 1994년 87세의 나이로 미국에서 소천했다. 조지는 자신의 유해 일부를 어릴 때 선교지에 묻힌 여동생 올리브 옆에 묻어 달라는 유언에 따라 소천한 이듬해 공주 영명동산에 안장되었다(둘째 딸 얼은 너무 어린 나이에 사망해서 안타깝게도 묘지를 찾을 수 없다). 나머지 유해는 그의 아버지, 어머니가 잠들어 있는 미국 글렌데일(Glendale)의 포레스트론(Forest Lawn) 기념 공원의 군인 영웅 묘역에 잠들어 있다.

▶ 프랭크 윌리엄스(위)와 아내 앨리스 윌리엄스(아래)의 묘비.

2.
올리브의 죽음

"이번 가을, 저희는 모두 감기에 걸렸습니다. 11월 18일, 제가 시골에 출장 가 있는 동안 올리브는 급성 폐쇄성 후두염에 시달렸으며, 앨리스는 그곳에서 의사 없이 혼자 있었습니다. 그다음 날, 딸이 괜찮아 보였기에 저희는 의사를 부르지 않고 감기가 더 심해지지 않도록 돌보았습니다.

그날 밤, 저희는 11시경까지 깨어 있었습니다. 당시 올리브는 심각한 기관지염으로 힘겨워했습니다. 저희는 하워드가 10일 전 같은 질병에 시달렸기 때문에 이를 알아볼 수 있었습니다. 올리브는 하워드보다 더 심각해 보였습니다. 하지만 저희는 다음 날 아침이 될 때까지 의사를 찾지 않았습니다. 하워드의 경우 의사가 도착하기 전에 증상이 많이 호전되었기에 올리브 또한 괜찮아질 것이라 생각했기 때문입니다."

사랑하던 딸 올리브가 하늘나라로 간 지 약 보름 후인 1917년 12월 8일 선교 보고 편지에 쓰인 기록이다. 당시의 긴박했던 상황이 엿보인다. 앨리스는 그의 아내이며 하워드는 둘째 아들이다. 온 가족이 감기에 걸려 있었는데 아들 하워드(William H. Williams)가 같은 병으로 시달리다가 회복됐던 경험이 있어 딸 올리브도 회복되리라 생각하고 의사를 찾지 않았다고 적고 있다.

위급한 상황이 되어 서울에 있는 의사 밴 버스커크(Van Buskirk)에게 전보를 보냈으나 다섯 시간이 지난 후에도 연락을 받지 못했고, 이미 급행 기차를 타고 오기에도 늦은 시간이 되어 버렸다. 청주에 있는 의사 팁턴(Tipton)과 연락을 취해 그가 저녁에 도착해 밤새도록 올리브를 치료했으나 다음 날 새벽, 그녀는 유명을 달리하고 말았다.

공주 선교 기지(mission station)에는 일찍이 의사인 밴 버스커크 선교사가 상주해서 병자들을 치료하며 효과적인 선교 사업을 펼치고 있었다. 그러던 중 그가 서울로 올라가게 되면서 후임으로 스웨어러(W. C. Swearer) 선교사가 부임해 14년간(1898-1912) 의료 선교를 펼쳤는데, 선교 활동 중에 얻은 질병으로 치료차 본국을 찾았으나 각고의 노력에도 불구하고 1916년에 결국 사망해서 하나님 나라로 옮겨지게 되었다. 이로 인해 공주에는 의사가 없는 상황에서 서울과 청주에 거주하는 의료 선교사를 애타게 찾던 중 안타깝게도 치료의 골든타임을 넘기게 되었던 것이다.

▶ 공주 영명동산 선교사 묘역에 있는 윌리엄스 선교사의 딸 올리브(좌)와 테일러 선교사의 딸 에스더(우)의 묘. 선교사들은 어린 자녀들을 이 땅에 묻으면서까지 그들의 일생을 한국 선교에 바쳤다.

윌리엄스 선교사는 위중한 상태로 꼬박 이틀간 의사를 기다렸다. 가쁜 숨을 몰아쉬며 질병과 사투하는 어린 딸을 부여안고 얼마나 간절히 여호와 라파(치료의 하나님)의 기적을 구했을까? 윌리엄스 선교사는 어린 딸을 하늘나라로 보내고 보름 뒤에 이 편지를 쓰면서, 1년 전에는 테일러(Taylor) 선교사의 어린 딸이 부모의 곁을 떠나 가슴이 아팠는데 이번엔 "우리의 작은 소녀 올리브가 저희 곁을 떠났습니다"라고 적고 있다. 선교지에 죽음의 두려움이 늘 함께하고 있었던 것이다.

죽음을 이기고 무덤에서 살아나신 예수 그리스도를 믿는 자들에게 어떻게 이런 일이 일어나는가? 전지전능하신 하나님은 어째서 당신의 말씀을 전하러 이역만리 지구 반대편까지 찾아온 이들에게 이런 고난을 허락하시는가? 하나님은 믿는 자들에게도 형통한 날과 곤고한 날을 함께 주신다.

"형통한 날에는 기뻐하고 곤고한 날에는 되돌아보아라 이 두 가지를 하나님이 병행하게 하사 사람이 그의 장래 일을 능히 헤아려 알지 못하게 하셨느니라"(전 7:14).

우리는 곤고한 날에 '어떻게 나에게 이러실 수가 있나요?'가 아니라, "나의 영혼아 잠잠히 하나님만 바라라"(시 62:5)는 말씀대로 어떤 시련과 유혹에도 굴하지 않고 잠잠히 그 안에 있는 하나님의 뜻을 찾는 훈련이 필요할 것이다. 윌리엄스 선교사 부부는 이미 이러한 믿음의 소유자들이었다.

어린 딸의 장례를 치르는 동안 많은 한국인들과 일본인들이 도왔는데, 이들 대부분이 아이를 일찍 잃은 사람들이었다고 적고 있다. 당시의 영아 사망률은 공식적으로 42퍼센트로 집계되고 있는데, 비공식적인 자료에 의하면 관련 연구자들은 60퍼센트가 넘을 것이라고 추정하고 있다. 출생한 자녀의 절반 정도가 죽어 나가는 실정이었으니, 오늘날 TV에서 자주 보는 아프리카 오지 상황과 별반 다를 것이 없었다. 그러한 이 땅에 자녀들의 순교까지도 무릅쓰고 온 사람들이 선교사들이었다는 사실을 우리는 잊지 말고 기억해야 할 것이다.

딸을 잃은 후, 윌리엄스 선교사는 공주 지역의 의료에 대해 생각하며 그동안 의료 선교사 파견이 이루어지지 않았던 점을 되뇌어 보았다. 그러면서 스웨어러 선교사의 죽음 이후, 열악한 조선의 의료 환경 아래서 의료 선교 없이 자신이 맡고 있는 학교와 지역을 돌보기 위한 노력이 과연 얼마나 유지될 수 있을지 회의감에 젖었다.

그는 선교에 있어 교육과 의료가 필수라는 사실을 여러 번 강조하고 있다. 심지어 교육과 의료 활동 없이는 자신의 선교 활동이 성공할 수 없기에, 선교 본부에서 더 이상 시간과 열정을 낭비하는 일을 계속하게 하지 말 것을 언급하고 있다.

1918년까지 그가 배출한 졸업생 중에서 세 명이 세브란스 연합의학전문학교(Severance Union Medical College)를 졸업해, 한 명은 밴 버스커크 박사의 조수로, 또 한 명은 의학학교 세균학 부서 스코필드(Frank W. Scofield, 한글명 석호필, 1889-1970) 박사의 조수로, 또 다른 한 명은 국가시험을 통과한 후 세브란스 병원에서 1년차를 보내고 있다고 상세히 설명한다. 윌리엄스 선교사는 그중 장(Chang)이라는 의사를 도왔는데, 미국에 있는 친구들로부터 모금해서 당시 유일하게 선교사들에 의해 서울에 세워진 세브란스 연합의학전문학교 5년간의 학비를 지원했다. 이는 결코 쉬운 일이 아니다. 오늘날 이 땅의 스승들이 이러한 마음가짐으로 제자들을 대한다면 우리 사회가 어떻게 변해 갈지 자문해 본다.

누구인지는 모르지만, 윌리엄스 선교사의 제자 세 명 중 한 명이 사립병원의 그리스도인 의사로부터 180엔의 월급을 제안 받았다고 적고 있다. 오늘날의 물가로는 약 1천만 원 내외다. 윌리엄스 선교사는 친구들을 통해 5년간 후원했던 장이라는 의사와 공주에서 함께 선교하고 싶었으나 어쩔 수 없었다고 편지에서 적고 있다. 그때까지 공주에는 의료 기관이 한 곳도 없었기 때문에 그를 의사로 받아들일 수가 없었던 것이다. 죽음의 그림자가 어른거리는 선교의 현장에 있어서 의료 선교는 필수적인 요소였다.

3.
풍토병을 피해
지리산 선교사 휴양촌으로

윌리엄스 선교사는 가족을 모두 데리고 남쪽의 산 위에 있는 휴양지에 가서 한여름을 지냈다고 적고 있다. 윌리엄스 선교사가 언급한 휴양지는 지리산 노고단의 선교사 휴양촌이다.

  1884년부터 조선을 찾은 개신교 선교사와 그 자녀들은 이질, 장티푸스 같은 풍토병으로 많은 수가 죽어 갔다. 이러한 어려움을 해소하고자 미국 남장로교 선교회에서는 1920년대 초에 여름에도 시원해서 모기나 전염병 염려가 없는 지리산 노고단 인근 1300-1400미터의 산중턱을 택해 선교사 휴양촌을 건설했다. 1921년부터 1942년까지 20여 년 동안 56동의 건물에 숙소, 강당, 도서관, 우체국, 상점, 수영장, 테니스코트 등을 갖춘 종합 휴양 시설로 운영되었는데, 당시 풍토병에 시달리던 선교사 및 그 자녀들의 심신의 피로를 치료하는 것은 물론, 그곳에서 영적 재충전, 한글 성경 번역 및 선교 전략 계획을 수립하기도 했다.

이 휴양촌은 그레이엄 캠프(Camp Graham)로 불렸는데, 미국 사우스캐롤라이나 주 그린빌에 사는 그레이엄(C. E. Graham) 부인이 건축비 1만 2천 달러를 기부해서 지어졌기 때문이다. 지리산 노고단의 그레이엄 캠프는 초교파적으로 활용되었기에 감리교 선교사였던 공주 선교 기지의 윌리엄스 선교사도 이곳을 이용할 수 있었다. 이곳은 강원도 금강산, 함경남도 원산, 황해도 구미포 등의 선교사 휴양지와 더불어 국내 4대 외국인 피서지의 하나로 꼽혔으며, 국내뿐만 아니라 일본과 중국의 북경, 상해, 천진 및 만주 등지에서도 외국인 선교사들이 찾아올 정도로 유명했다.

▶ 조선 명소 지리산 - 야소교 선교사 피서지 전경(1934)(사진: Presbyterian Historical Society).

▶ 지리산 선교 유적. 미국 남장로교의 유진 벨(Eugene Bell) 선교사에 의해 전염병이 도는 여름철에 선교사 가족들이 이곳에 와서 안식하면서 기도하도록 지리산 노고단에 건축되었던 56채의 건축물 중 한 곳이다(사진: 지리산기독교선교유적지보존연합).

휴양촌의 모습에 관해 옛 신문 기사에 소개된 내용은 다음과 같다.

나무숲 사이로 점점 산재한 별장이 보인다. 희끗희끗 사람들이 오가는 것도 알아볼 수 있다. 어려서 들은 동화에 나오는 천국과 같이도 생각되고 꿈속에 보는 유토피아 같기도 하다. 오정이 지나서 기어코 절정에 올랐다. 미지의 백인들이 빨갛게 그슬린 얼굴로 십년지기나 만난 듯이 맞아 준다. 친절한 소녀의 안내로 피서촌을 일순했다. 참으로 놀라운 완

비된 시설이었다. 예배당에 피아노까지 가져다 놓고 수영장, 테니스코트, 골프장 등 오락·운동 시설도 모조리 해 놓았다. 벙커식의 아담한 산장이 보기 좋게 이곳저곳에 서 있고 그 주위는 화원으로 둘러싸였다. 이 사이에 희희낙락하게 뛰어다니며 노는 아이들, 캔버스를 펴 놓고 사생하는 학생, 안락의자에 벗고 앉아서 일광욕을 하고 있는 풍신 좋은 노인, 팔을 끼고 거니는 젊은 남녀 등 눈앞에 전개된 광경이 천국도 이보다 더 낫지는 못할 것이라고 생각했다(한규무,《종교문화연구》 15호, 2010, p.150).

당시 지리산 선교사 휴양촌은 한국인들에게는 천국의 모습으로 비칠 만큼 부러움을 살 정도였다. '오정이 지나서 기어코 절정에 올랐다'는 표현은 적어도 오전 내내 힘들게 걸어 올라갔다는 것이다. 지금은 지리산 노고단에 차도가 있어서 쉽게 올라갈 수 있지만, 당시에는 순전히 짐을 지게로 져 날라야 했다.

부녀자와 어린아이 및 노약자들은 접근하기가 쉽지 않아 한국의 노동자들이 돈을 받고 이들을 지게나 의자에 태워서 올라가곤 했는데, 이러한 모습들이 한국인들의 비난을 사는 빌미가 되기도 했다. 하지만 그 모습이 아름답진 않았다 할지라도 이는 강요에 의해 이루어진 것이 아니었다. 당시를 회상하는 몇 안 남은 어르신들은 농사일 이외에 딱히 다른 일거리가 없던 현지 사람들이 일당을 후하게 받았다고 증언한다. 오늘날 중국이나 동남아시아 등지의 힘한 명산지에서 셰르파(Sherpa)라고 불리는 현지인들이 관광객들의 짐을 등이나 어깨에 지고 오르는 모습을 자주 볼 수 있듯이 말이다.

그리스도인으로서 이곳 휴양촌이 의미 있는 또 다른 이유는 이곳에서 성경 개역이 이루어졌기 때문이다. 1932년에 마태복음, 1933년에 요한복음과 빌립보서, 1934년에 고린도후서, 갈라디아서, 에베소서, 빌레몬서, 골로새서, 데살로니가전서, 데살로니가후서 및 디도서의 개역이 이루어졌다. 또한 1935년에는 로마서와 요한1서, 1936년에는 사도행전과 로마서 등의 신약성경이 개역되었다. 1932년부터 1936년까지 5년 동안 신약성경의 대부분이 이곳 지리산 휴양촌에서 개역된 것이다.

성경 개역을 주도했던 레이놀즈(W. D. Reynolds, 1867-1951) 선교사는 미국에서 대학을 최우등으로 졸업했으며, 라틴어, 헬라어, 프랑스어, 독일어 등의 각종 어학 실력이 뛰어나 평양신학교에서 어학과 신학교수를 지내는 등 45년간 한국 선교에 일생을 바쳤다. 그는 선교사 휴양촌을 이렇게 표현했다.

> 여기서 몇 주만 보내면 누구든 삶의 활기를 되찾으며, 심신의 원기를 회복한 일꾼들은 도시와 농촌의 일터로 복귀한다. 여기서는 야생화만으로도 기분을 상쾌하게 할 수 있는데, 나는 이토록 아름다운 곳은 결코 상상조차 해 본 적이 없다(한규무,《종교문화연구》15호, 2010, p.151).

군산 선교 기지에서 41년간(1919-1960) 독신 선교사로 평생을 바친 그리니(W. B. Greenee, 1888-1960) 선교사는 어느 해 여름철을 지리산 선교사 휴양촌에서 지내면서 아름다운 시를 남겼다.

```
Carry me up to lovey Chidi!
There's where the balsam and the birch and maple grow,
There's where the clouds flow in mystic glory round us,
There's where we learn our Father's loving care to know.

There's where we walk with the bluebells and lilies
And mossy rocks rest our tired minds and hearts.
No where the stars quite so friendly above us,
No where the evening so grand when day departs.
```

▶ 그리니 선교사의 시(사진: Presbyterian Historical Society).

나를 사랑스런 지리산 위로 데려다 주오!

전나무, 자작나무 그리고 단풍나무가 자라는 그곳,

신비한 영광이 우리를 감싸고 있는 중에 구름이 흘러가는 그곳,

하나님 아버지의 사랑스런 보살핌을 알게 되는 그곳으로.

푸른 꽃, 백합꽃과 더불어 산책을 하고

이끼 낀 바위가 우리의 지친 마음과 내면을 쉬게 하는 그곳으로.

별들이 이곳보다 더 다정한 곳 우리 주변에는 없으리라.

하루가 저무는 저녁나절 이곳보다 장엄한 곳도 없으리.

▶ 31세에 한국에 선교사로 와서 72세까지 41년 동안 독신으로 살며 전 생애를 한국 선교에 바친 그리니 선교사(사진: Presbyterian Historical Society).

지리산 선교사 휴양촌을 건설한 직접적인 동기는 열악한 환경과 극심한 과로로 말미암은 선교사와 그 가족들의 건강 문제 때문이었다. 선교사들 자신도 상당수가 풍토병에 시달리다 순교했으며, 특히 면역력이 약한 어린 자녀들은 질병에 더 쉽게 걸려 종종 하늘나라로 떠나곤 했다. 각 선교 기지마다 선교사 묘지를 두고 있을 정도였다. 공주 선교 기지의 윌리엄스 선교사가 두 자녀를 이 땅에 묻었듯이 말이다.

당시의 선교사 자료 통계를 보면, 전라도 지역의 선교를 담당하던 미국 남장로회 한국 선교부 소속 선교사들 중 약 40퍼센트가 각

종 건강 문제로 선교 사역을 제대로 못 하는 것으로 파악되었다. 병든 선교사는 자신뿐 아니라 이들을 치료하기 위한 인력이 필요했으며, 때로는 본국으로 후송해서 치료할 경우 그 시간도 길고 막대한 예산이 들어가게 되어 선교 사역에 큰 어려움을 초래했다. 이 같은 배경으로 미국 남장로회는 당시의 치명적인 전염병이었던 장흡수부전증(sprue)의 감염을 피하기 위해 일정 기간 동안 고도가 높은 지역에서 지내는 것이 건강에 좋겠다는 결론을 내리고, 전염병이 도는 여름철 동안 심신의 휴식을 취할 수 있도록 지리산 선교사 휴양촌 건설 계획을 세웠던 것이다.

이 선교 유적은 여순사건 및 한국전쟁을 거치면서 대부분 소실되었다. 한국에서 3대째 선교사로 사역하던 휴 린튼(Hugh M. Linton, 한국명 인휴, 1926-1984) 선교사는 1956년 노고단에 올라 전란으로 폐허가 된 선교사 기도처를 복원하기 위해 지리산 왕시루봉에 장소를 정하고 1962년 제2의 선교사 휴양촌으로 교회와 11채의 작은 건물들을 세웠다. 현재 4대째 한국에서 살고 있는 선교사 후손 존 린튼(John Linton, 한국명 인요한) 박사를 중심으로 지리산기독교선교유적지보존연합에 의해 유지되고 있다.

▶ 선교사를 파송한 국가별 건축 양식을 따라 건축된 지리산 왕시루봉 선교 유적은 내셔널 트러스트 주최 '이곳만은 지키자' 공모전에서 '소중한 문화 유산상'을 수상했다(사진: 지리산기독교선교유적지보존연합).

4.
여동생의 죽음을
평생 간직한 오빠

충남 공주의 영명동산에는 아담한 선교사 묘지가 있다. 그곳에는 110여 년 전 이 땅에 복음을 전하기 위해 헌신적인 삶을 살다가 순교한 샤프 선교사를 비롯해 네 명의 선교사 자녀들이 묻혀 있는데, 두 명은 샤프 선교사의 후임인 윌리엄스 선교사의 딸 올리브와 그의 아들 조지이고, 다른 두 명은 찰스 아멘트(C. C. Amendt, 1893-?) 선교사의 아들 로저와 테일러 선교사의 딸 에스더다. 선교 보고에 의하면 당시 한국인들의 영아 사망률은 50퍼센트 내외로 심각한 상황이었다. 낯선 이국땅에서 태어나 면역력이 약했던 선교사의 자녀들도 예외는 아니었다. 짧은 생을 마감하고 이 땅에 어린 뼈를 묻

▶ 공주 영명동산에는 여동생 올리브(좌)와 오빠 조지(우광복, 우)의 묘가 나란히 놓여 있다.

▶ 이국땅에서 죽은 어린 동생을 평생 그리워해 그 곁에 묻힌 오빠 조지 윌리엄스의 묘소.

은 애처로운 흔적이 자리하고 있다.

  100여 년이 지나 이곳을 걷던 한 시인은 그 정경과 느낌을 다음과 같이 시로 옮겼다.

머언 나라
바다 건너 온
선교사
빨간 벽돌집

노랑머리
아가
동무도 없이
혼자 놀더니

뒷산
볕 바른 언덕에
혼자서
묻혀 있다

이끼 푸른

작은 돌

> 내 사랑하는 딸
> 줄리아
> 여기 주 안에 잠들다
> 1911-1916

아가위

한 그루

바람에 흔들리며

서 있다

- 조재훈, 〈돌아가위〉

    흔들리는 아가위 잎에서 시인은 선교사의 어린 딸들을 본다. 여리고 아픈 장면이다. 빗돌에 새긴 이름은 거의 지워져 가지만, 아가위 나뭇잎들은 해마다 다시 푸른 잎을 틔우고 꽃을 피우며 작은 열매를 맺는다. 시인 특유의 통찰력으로 그 '살아 있음'을 본 것이리라. 바람에 흔들리는 돌아가위 나무는 이 땅에 왔던 선교사들처럼 여리지만 단단하다.

    영명동산에 있는 선교사의 묘역에서 특이한 무덤은 의사인 조지 윌리엄스 박사의 묘다. 그는 윌리엄스 선교사의 맏아들이며, 한국 이름은 '우광복'이다. 그는 1906년 윌리엄스 선교사 부부가 조선에 선교사로 첫발을 내디딘 제물포항 부둣가 집에서 1907년 4월에 태어났다. 그의 부모는 그곳에서 아들을 해산하고 몸만 추스를 수 있는 단계에서 공주 선교 기지로 내려와 전임자인 샤프 선교사 부부가 순교 직전에 시작했던 교육 사업을 일구기 시작했다. 조지는 열네 살까지 공주 영명학교에서 수학한 후 미국으로 돌아가 고향인 콜로라도 주 덴버의 친할머니 밑에서 고등학교와 의과대학을 졸업한 후 의사가 되었다.

윌리엄스 선교사는 아들의 이름을 '광복'으로 지었다. 이는 조선이 하루 빨리 일제 식민지 통치에서 벗어나기를 원하는 간절한 열망이 담긴 이름이었다. 하지만 그는 광복이라는 이름에 '光復'이 아닌 '光福'이라는 한자를 붙였다. 이는 일제의 감시를 피하면서도 소리로는 동일한 효과를 내고자 한 윌리엄스 선교사의 지혜였다.

조지 윌리엄스는 1945년 8·15 광복 후 군정을 위해 진주하는 미군의 군의관으로 그가 태어난 한국을 다시 찾았다. 그에 따르면, 당시 미군 1만 명 중 한국말을 할 줄 아는 사람이 자신밖에 없어서 군의관임에도 불구하고 미군정 책임자인 하지 사령관의 특별 보좌관으로 발탁되어 통역은 물론 미군정 시기의 인사 및 정책 수립에 깊숙이 관여했다고 한다.

한국어와 영어 및 일본어에 능통했던 그는 미군정과 한국인들과의 가교 역할을 하기 위해 남한 전역을 돌며 여론 조사를 했다. 여론 조사 결과 "당시 한국인들이 이승만을 '우리 대통령'이라 부르며 그의 귀국을 바라고 있다는 내용을 여러 차례 하지 사령관에게 보고했다"고 밝힌 바 있다. 그가 해외에서 독립운동을 하던 이승만으로 하여금 조기에 귀국해서 정치적 기반을 확보하도록 하는 데 크게 기여했음을 알 수 있게 하는 부분이다.

한국 정부 수립 후 다시 미국으로 돌아간 조지 윌리엄스 박사는 의과대학 교수와 보건연구기관장으로 기여하면서 많은 업적을 남겼다. 그중에 뛰어난 업적은 흡연이 폐암을 일으키는 원인이 된다는 사실을 밝힌 것이다. 지금은 너무나도 당연한 결과지만, 당시로서는 획기적인 연구 결과였다. 그것도 담배 회사(American Tobacco Company)로부터 연구비 지원을 받아 이루어진 것이었다.

아마도 담배 회사에서 연구비를 지원한 의도는 연구를 통해 흡연이 폐암 발생과는 무관하다는 결과를 기대했기 때문이 아닐까 추측된다. 경영에 치명상을 줄 수 있는 연구 결과가 나올 것이라 예상했다면 담배 회사에서 연구비를 주면서까지 연구를 시켰을까 하는 생각이 든다.

조지 윌리엄스 본인도 흡연을 했는데 자신의 연구 결과를 보고 즉시 담배를 끊었다고 한다. 스폰서였던 담배 회사에게는 절대적으로 불리한 연구 결과임에도 불구하고 그는 그대로 논문을 발표했던 것이다. 이는 가습기 살균제의 독성 문제로 충격을 받은 한국 사회에 시사하는 바가 크다.

조지 윌리엄스는 1994년 87세의 나이로 소천하면서 어릴 때 뛰어놀던 한국의 영명동산, 어린 나이에 하늘나라로 보낸 후 평생을 잊지 못한 누이동생 올리브가 묻혀 있는 그곳에 자신도 함께 묻어 달라는 유언을 남겨, 그는 지금 공주 영명동산의 선교사 묘역에 잠들어 있다. 부모, 형제가 다 떠난 이국땅 야산에 홀로 묻힌 채 남겨져 있는 여동생이 몹시도 안타까웠으리라.

하루 빨리 일제로부터 나라를 되찾기를 바라면서 아들의 이름까지도 '광복'이라 지었던 아버지 윌리엄스 선교사의 한국 사랑과 생을 마치는 순간까지도 한국 사랑을 실천한 아들 조지 윌리엄스의 마음을 다시 한 번 되새겨 본다.

5.
기도로 세운 학교

인구 100만의 선교 지역에 유일한 고등학교 과정의 학교를 세우고 운영하면서 선교사들과 학생 및 학부모는 물론, 지역민들까지도 커다란 자부심을 가지고 있었다. 1924년 11월 20일의 편지를 보면, 당시 공주 선교 기지가 담당하고 있던 지역의 거주 인구는 100만 명이 넘었는데, 이 중 10-20세 사이의 청소년 수는 25만 명 정도였으며, 이들 가운데 약 2만 7천 명만이 학교에 다니고 있다고 밝히고 있다. 여기서의 학교는 현재의 초등학교 과정인 보통학교 수준을 말한다. 학령인구의 약 11퍼센트만이 취학하고 있는 현실이었다. 당시 우리나라의 문맹률이 70-80퍼센트라는 통계를 구체적으로 뒷받침하는 내용이다. 이러한 형편이다 보니 충청남도에 단 하나밖에 없는 고등학교 과정의 공주 영명학교를 다니는 학생들은 그야말로 하나님의 큰 은혜를 입은 자들이었다.

Kongju Primary School

▶ 공주 영명학교 초창기의 전교생. 영명학교의 신식 건물이 근처의 초가집과 대조를 이룬다. 당시 경제적 어려움 속에서 기도로 세운 뜻 깊은 학교다. 1920년대 공주 영명학교는 초등 과정부터 고등학교 과정까지 운영되었다. 영명학교는 당시 충청 지역에서 유일하게 고등학교 과정이 있었다(사진: GCAH, The United Methodist Church).

일제는 조선과의 강제 합병 후 민족 교육을 말살시키고 독립 정신을 저하시키고자 가능한 한 교육 기회를 박탈하는 정책을 펼쳐

왔다. 1911년에 시행한 사립학교규칙의 제정과 실행이 그 대표적인 사례다. 여기에는 사립학교의 관리 감독을 강화해서 교육 내용에 대한 간섭은 물론, 시설이 미비하다는 이유로 민족 교육을 시키는 사립학교들과 통제에 잘 따르지 않는 선교사들이 세운 기독교 학교들을 폐교 조치하고자 하는 숨겨진 목적이 있었다. 기존의 학교들조차 어려움을 겪고 있는 형편에 사립학교의 신설은 더더욱 어려운 지경이 되고 말았다.

윌리엄스 선교사가 운영하던 공주 선교 기지의 영명학교도 예외는 아니었다. 윌리엄스 선교사가 쓴 수많은 편지에는 재정적인 위기로 인해 학교 문을 닫을 수밖에 없는 상황을 여러 차례 밝히고 있다. 이와 함께 재정적인 충족을 위한 기도 요청과 간구의 내용들이 절절하다.

그중에 1926년 8월 16일에 쓰인 편지를 보면, 이번 가을 학기는 간신히 이어 가겠지만 지금 빚더미에 올라 있어 매달 오는 자금으로는 유지하기가 어려우며, 다른 자금이 마련되지 않는다면 학교 문을 닫을 수밖에 없다고 호소하고 있다. 웰치(H. Welch) 감독으로부터 덴버대학을 설득해 보겠다는 편지는 받았지만 특별한 소식은 없다면서, 하나님이 이끌어 주실 것을 믿으며, 하나님이 학교가 계속되어지기를 원하신다면 누군가 학교의 친구가 되어 지원금을 보내 줄 것이라 믿는다고 기도하며 전하고 있다.

웰치 감독의 덴버대학교를 설득해 보겠다는 이야기는 윌리엄스 선교사가 얼마 전 선교 보고 편지를 쓰면서 재정난에 허덕이는 인구 100만 지역의 유일한 고등학교인 공주의 영명학교를 미국의 덴버대학과 같은 교육 기관이 지교(支校) 형태로 삼아서 2천 달러를 보내 줄 수 있는지 찾아 달라는 편지에서 비롯된 것이다. 한 학기 뒤인 1927년 2월 7일 편지에는 또다시 "미국에는 돈이 있고, 미국 사람들에게는 크지 않은 2,500달러의 선교비를 하나님이 마련해 주실 것입니다"라고 적고 있다.

그의 아내 앨리스 선교사도 콜로라도 주 덴버에 있는 30명의 목회자들에게 3월 6일과 13일 주일 아침 예배에서 선교지의 위기에 처한 학교를 위해 기도해 줄 것을 요청하는 편지를 썼다. 위기에 처한 선교지에서 요청한 기도 부탁이 제대로 이행된다면 자금 부분에 대해서도 곧 연락이 올 것이라 적으면서, 뉴욕에 있는 선교 본부의 목회자들도 주변 사람들에게 기도를 요청해 줄 것을 부탁하고 있다. 그녀는 "우리가 돈을 요구할 수는 없지만 기도는 부탁드립니다"라고 덧붙이면서 편지를 맺고 있다. 돈을 직접 부탁하는 것보다 더 강한 부탁의 말이다.

지구 반대편 미국에 있는 사람들에게 날짜와 시간을 정해서 기도를 부탁하는 방법이 호소력 있게 들린다. 이와 함께 선교 현장에서도 75개 단체와 공주 선교 기지 관리하에 있는 충청남·북도 전역에 위치한 교회의 그리스도인들이 매일 정오마다 학교를 위해 기도하기 시작했다. 한국과 미국에서 충청남도 공주에 위치한 유일한 고등학교를 지켜 내기 위해 시간과 공간을 뛰어넘은 합심기도가 진행된 것이다.

윌리엄스 선교사는 열심히 기도만 하며 앉아 있지 않았다. 그는 각처에 기도를 부탁하며 미국의 친지들, 아는 목회자 및 뉴욕 선교 본부에 선교비 후원과 학교를 위한 기도를 편지를 통해 끊임없이 요청했다. 그의 아내 앨리스 선교사 또한 별도로 기도와 후원 요청 편지를 여러 번 보냈다.

윌리엄스 선교사는 뉴욕 선교 본부로 보내는 편지에서 13-14년 전의 선교비 관련 사항에 대해 언급하며, 그의 고향 덴버 지역에서 특별히 헌금해 준 특별 선교비가 선교 본부의 정책에 의해 제한되어 공주 선교 기지로 오지 않고 다른 학교로 배분되면서 5천 달러의 빚을 지게 되어 학교의 존폐를 놓고 저울질하는 상황이 되었음을 설명하고 있다. 그러면서 이전에도 요구했지만 다시 요구하는 사항은, 덴버 지역에서의 헌금이 선교 본부의 제한에 상관없이 별도로 공주의 학교로 배정되게 해 달라고 강조하고 있다. 그의 고향인 덴버 지역에서 공주의 학교를 지원하는 자들로부터 모아 보내 온 헌금을 선교 본부에서 다른 일반 헌금에 포함해 분산 지원하지 말고, 선교사 친구들의 도움이 본래의 의도대로 공주 선교 기지의 학교에 쓰일 수 있도록 허락해 달라는 바람을 전한 것이다.

이 문제는 뉴욕 선교 본부에서 지정 헌금을 인정하지 않고 일반 헌금으로 백색 봉투에 넣어 선교지인 한국으로 보내면서 불거졌다. 한국 내에서 선교비를 배분하면 서울이나 평양에 있는 큰 학교에 더 많은 재정이 보내지게 돼 공주에서는 자연히 적은 재정을 받을 수밖에 없었기 때문이다. 덴버 지역에서 많은 헌금이 있었다면 분명 윌리엄스 선교사 부부의 노력 덕분일 텐데 이를 인정받지 못한 억울함이 있었던 것이다.

일반적으로 이러한 불합리한 상황에서는 화를 낼 수도 있는데, 윌리엄스 선교사는 사람 이름을 거명하는 등 구체적인 상황을 설명하며 허락을 간청하는 편지를 쓰고 있다. 그러면서 자신이 덴버 지역의 교회들에게 공주 학교를 위한 특별 헌금을 요청할 때 기존의 해외 선교 헌금 모금에 영향이 없도록 부탁했다는 내용까지 덧붙이며 특별 헌금으로 인해 해외 선교 헌금 축소를 염려할지도 모르는 상대를 설득하고 있다.

윌리엄스 선교사가 화를 참고 기도로 쓴 간청의 편지에 대해 뉴욕 선교 본부의 체노웨스(A. E. Chenoweth) 사무총장은 덴버 지역에서 공주의 학교로 추가 자금 보내는 것을 협의 중이며, 공주의 학교를 위해 선교 본부를 거치는 추가 자금은 특별 지원으로 취급해 노란색 봉투에 담겨 현장으로 보내질 것이고, 선교 본부의 제한에 구애

받지 않는 추가 자금이 될 것이라는 답신을 보낸다.

기도는 만사를 변화시킨다. 예수님은 기도에 대해 이렇게 말씀하셨다.

"너희가 기도할 때에 무엇이든지 믿고 구하는 것은 다 받으리라 하시니라"(마 21:22).

"그러므로 내가 너희에게 말하노니 무엇이든지 기도하고 구하는 것은 받은 줄로 믿으라 그리하면 너희에게 그대로 되리라"(막 11:24).

기도에 대한 말씀을 주실 때의 공통적인 조건이 있다. '믿고 의심하지 않는 것'이다. 하나님이 원하시는 기도라면, 하나님이 기뻐하시는 기도라면 그리고 하나님의 뜻대로 하는 기도라면 구한 것을 의심하지 말고 받은 줄로 믿고 기다려야 한다.

문맹률이 70-80퍼센트인 조선 사회에 기독교 학교를 세워 글을 읽을 수 있게 하고, 그렇게 배운 글로 날마다 하나님 말씀을 읽으며 상고하게 하는 일은 분명 하나님이 원하시고 기뻐하실 일임을 윌리엄스 선교사는 알았다. 윌리엄스 선교사 부부의 기도 요청으로 이루어진 한국과 미국에서의 합심기도는 배우고 싶어도 배울 수 없었던 조선의 공주 땅에서 고등학교 과정의 영명학교를 세우고 운영하는 것이 가능하도록 만들었다.

"구하라. 그러면 받을 것이다. 찾아라. 그러면 찾을 것이다. 문을 두드려라. 그러면 열릴 것이다. 누구든지 구하는 사람은 받을 것이며 찾는 사람은 찾을 것이요 두드리는 사람에게는 열릴 것이다. 너희 중에 자기 아들이 빵을 달라는데 돌을 주며 생선을 달라는데 뱀을 줄 사람이 있겠느냐? 악한 사람이라도 자기 자녀에게는 좋은 선물을 줄 줄 아는데 하물며 하늘에 계신 너희 아버지께서 구하는 사람에게 더 좋은 것을 주시지 않겠느냐?"(마 7:7-11, 현대인의 성경)

윌리엄스 선교사는 바로 이 말씀을 붙들고 구하는 데서 그치지 않고 찾고 두드리는 기도의 열정으로 척박한 선교의 땅에 그의 온 생애를 바쳤다. 어린 자녀를 선교지에 묻으면서까지 사랑했던 선교지 공주와 충청도에 사는 사람들은 그를 얼마나 기억하고 있는지 궁금하다.

6.
선교사와 나무 이야기

로뎀 나무, 싸리나무 이야기

켄터키의 모든 주에는 클로버 종류 중 하나인 한국 싸리나무를 생산하는 농부들이 있습니다.

이 글귀는 1924년 미국 농무부가 켄터키 주를 설명하면서 처음 소개한 내용이다. 1931년, 미국의 켄터키 주에서는 3백만 파운드가 넘는 싸리 씨앗이 생산되었다. 한국의 싸리나무는 켄터키뿐만 아니라 미국의 중부와 남부 지역에서도 경작되고 있으며, 심지어 북쪽에 위치한 캐나다 매니토바(Manitoba) 주에서도 경작되고 있다. 어떻게 한국의 싸리나무가 태평양을 넘어 미국과 캐나다의 목초지에 널리 심겨지게 되었을까? 이는 식물학에 조예가 깊은 한 의료 선교사가 있어 가능해진 일이다.

랄프 G. 밀스(Ralph G. Mills) 박사는 한국의 세브란스 연합의학전문학교에서 10년간(1908-1918년) 지내면서 한국의 식물에 큰 관심을 가졌다. 그는 '서해 근처에서 자라는 야생 클로버는 미국의 알칼리성 토양에서도 잘 자랄 수 있을 것'이라며 한국산 싸리나무 씨앗을 미국 농무부에 보냈다. 1년 후, 이 씨앗은 알링턴의 실험 정원에 심겨져 확산되기 시작했다. 미국 농무부의 회람용 안내문(No.317)과 켄터키대학의 회람용 안내문(확장편 No.258)은 이 흥미로운 이야기에 대해 자세히 알려 주고 있다.

한국산 싸리나무는 건조하고 영양분이 부족한 토양에도 잘 적응하며 훌륭한 건초와 목초지를 만든다. 놀라운 것은, 한국에서는 이 작물이 야생에서 자랄 뿐 아무도 작물로 경작하지 않는다는 것이다. 한국에서는 그 가치가 거의 평가되지 않았다. 뿐만 아니라 한국은 인구 밀도가 높은

▶ 싸리나무 우표(사진: 한국목재신문 [2005. 11. 22]).

나라여서 건초를 경작할 광활한 땅이 없어 미국과 같이 드넓은 목초지를 형성할 수 없었다. 그러다 보니 산비탈의 낙엽과 풀을 모아 불을 때어 취사와 난방을 해결했다.

밀스 박사는 윌리엄스 선교사의 편지로 인해 선교사였음이 밝혀졌다. 세브란스 연합의학전문학교에서 1910년대에 의사로 근무했다면 분명 선교사인데 현재 밝혀진 선교사 명단에는 그의 이름이 포함되어 있지 않다. 그는 윌리엄스 선교사의 편지로 인해 우리나라에 선교사로 들어와 현대 서양 의술로 병들고 죽어 가는 사람들을 고치며 복음을 전파하는 한편, 자신의 조국을 위해 목축업에 도움이 될 식물 종자를 소개한 사실이 처음으로 알려지게 되었다.

나이가 어느 정도 든 이들이라면 싸리나무에 대한 추억이 없을 수 없다. 어린 시절 싸리나무 회초리로 선생님이나 부모님으로부터 종아리나 손바닥을 맞는 것은 대수롭지 않은 일이었다. 싸리나무로 만든 매는 따끔해서 정신이 번쩍 나게 하지만 멍이 잘 들지 않는 사랑의 매이기도 하다. 아마 척박한 환경에서도 잘 자라며, 자라서는 잎, 줄기, 껍질, 심지어는 뿌리까지 어느 것 하나 버릴 게 없는 유용한 점을 들어, 자녀나 제자가 어떤 난관도 이겨 내며 성장해서 유용한 인재가 되길 바라는 의미를 담았을 것이다.

이스라엘에서는 살구(아몬드)나무 가지를 회초리로 사용했다. 이스라엘 사람들에게 살구나무는 겨울을 이겨 내고 추위 속에서 홀로 생명력을 발휘해 맨 먼저 꽃을 피우는, 다시 말해, 맨 먼저 봄이 올 것을 예고하는 나무이기에 항상 깨어 기도하라는 의미를 담고 있다. 또한 예레미야 1장 11-12절에서 볼 수 있듯이, 살구나무는 하나님의 말씀이 그대로 성취되어진다는 의미를 가지고 있다. 아론의 싹 난 지팡이 사건에서도 싹이 난 아론의 지팡이는 살구나무였다.

"여호와의 말씀이 또 내게 임하니라 이르시되 예레미야야 네가 무엇을 보느냐 하시매 내가 대답하되 내가 살구나무 가지를 보나이다 여호와께서 내게 이르시되 네가 잘 보았도다 이는 내가 내 말을 지켜 그대로 이루려 함이라 하시니라"(렘 1:11-12).

시골에서 어린 시절을 보낸 이들은 싸리나무 울타리나 사립문, 또 마당을 쓰는 빗자루인 싸리비를 만드느라 가을이면 싸리나무를 구하러 온 산을 누비던 기억들이 어렴풋하게 떠오를 것이다. 어떤 이들은 어린 시절 소풍을 갔을 때 수저를 빠뜨리고 가져가지 않아 부근에 있는 싸리나무를 꺾어서 젓가락으로 사용했던 기억도 있을 것이다.

내 경우에도 어린 시절 시골에서 초등학교를 다녔는데, 가을이면 싸리나무 씨앗을 훑으러 다녔던 기억이 어렴풋하다. 싸리나무는 크지 않은 나지막한 얇은 가지에 꽃이 연달아 쪼르르 피는데, 그 수줍은 보라색 작은 꽃줄기가 가을에는 씨앗으로 열매를 맺는다. 그래서 싸리나무 씨앗은 하나하나 따는 게 아니라 훑으면 되었다. 당시는 우리나라의 온 산이 벌거숭이이던 시절이어서 비가 올 때 일어나는 산사태나 홍수를 막기 위해 산에 나무를 심는 사업인 사방공사를 대대적으로 벌렸더랬다. 아마 척박한 환경에서도 잘 자라는 싸리나무 씨앗을 뿌리기 위해 국민적인 싸리나무 씨앗 채취를 했던 것 같기도 하다.

이스라엘을 포함하는 근동 지역의 싸리나무는 콩과에 속한 비교적 큰 관목으로서 사막 구릉이나 암석 지대, 특히 사해 부근의 사막 기후 아래서도 번성하고 그늘을 만들며 자라는 생명력이 강한 나무다. 싸리나무가 척박한 환경에서도 잘 자랄 수 있는 것은 뿌리에 뿌리혹박테리아를 갖고 있어 공기 중 질소를 고정해서 혼자서도 잘 살 수 있는 콩과 식물의 특성 때문이다. 우리나라에서 자라는 싸리나무와는 달리 잎이 거의 없으나 잔가지가 많아 광야에서 나그네에게 그늘을 만들어 주는 좋은 나무다. 뿌리는 길고 크며 땅속 깊이 수분이 있는 곳까지 도달해 있어 사막에서도 잘 견딘다. 이 나무가 바로 구약성경에 나오는 로뎀 나무인데, '로뎀'은 히브리어 '로템'에서 온 말이다.

싸리나무는 영어로 'White Broom'이라 하는데, 우리가 싸리나무로 싸리비를 만들어 썼던 것처럼 서양에서도 빗자루(broom)를 만드는 데 이 나무를 사용했던 것 같다. 싸리나무의 꽃말은 사색, 상념 및 변함없는 사랑 등 여러 의미를 지니고 있다. 어린 시절 아무 것도 모른 채 고사리 손으로 씨앗을 훑으러 다녔던 싸리나무의 꽃말이 변함없는 사랑이라니, 참 아이러니하기도 하다.

하나님의 변함없는 사랑을 듬뿍 받은 선지자, 바알의 예언자 450명과 아세라의 예언자 400명을 무찌르고 비를 내리게 한 능력의 선지자 엘리야가 이세벨의 분노를 피해 도망하던 중 광야의 한 나무 아래서 사색은커녕 모든 것을 포기하고 죽기를 구했다는 그 로뎀 나무가 바로 싸리나무다.

"자기 자신은 광야로 들어가 하룻길쯤 가서 한 로뎀 나무 아래에 앉아서 자기가 죽기를 원하여 이르되 여호와여 넉넉하오니 지금 내 생명을 거두시옵소서 나는 내 조상들보다 낫지 못하니이다 하고 로뎀 나무 아래에 누워 자더니 천사가 그를 어루만지며 그에게 이르되 일어나서 먹으라 하는지라"(왕상 19:4-5).

'변함없는 사랑'이라는 꽃말을 지닌 로뎀 나무 아래서 엘리야 선지자는 잠을 자면서 피로도 회복하고 천사를 통해 변함없는 하나님의 사랑을 입어 하나님의 산 호렙에 이르게 된다. 이스라엘 역사에 나오는 많은 인물 가운데 가장 뛰어난 예언자의 한 사람이 엘리야 선지자다. 그는 당시 우상 숭배가 만연한 이스라엘에서 하나님의 말씀을 선포하며 놀라운 능력으로 기적을 행했던 인물이었다. 그러나 하나님이 주신 사명을 행함에도 낙심하고 좌절하는 순간들이 있었다.

우리 또한 마찬가지다. 하나님을 믿고 열심히 기도한다고 난관이 없는 것은 아니다. 때로는 지치고 원인을 알지 못하는 고난에 빠져들기도 한다. 모든 것을 포기한 채 죽고만 싶던 엘리야를 하나님이 천사를 보내어 다시 힘을 주시고 일어나도록 도우신 자리가 바로 로뎀 나무 아래다. 로뎀 나무, 즉 싸리나무의 꽃말인 '변함없는 사랑'은 어쩌면 '하나님의 변함없는 사랑'을 뜻하는 게 아닐까?

한라산에서 출생한 크리스마스트리

선교사들의 역할로 한국의 토종 나무가 세계적으로 알려진 사례가 또 하나 있다. 바로 크리스마스트리다. 크리스마스트리를 거실에 설치할 때면 가족 모두가 흐뭇하고 즐거운 마음이 든다. 형형색색의 불빛은 어찌 그리 아름다운지, 조금이나마 천국의 느낌을 받곤 한다.

서구의 가정들은 대개 12월 한 달을 크리스마스트리와 함께 기분이 들떠 있는 상태로 보낸다고 해도 과언이 아니다. 어린아이들은 크리스마스이브에 트리 밑에 놓일 선물에 대한 기대감에 들떠 한 달을 보내고, 부모들은 자녀를 위해 무슨 선물을 놓을지 고민하며 즐거운 한 달을 보낸다. 이처럼 크리스마스트리는 가족 간의 추억을 만들어 주는 매개체가 된다.

그런데 크리스마스트리로 전 세계에서 가장 인기를 끄는 나무가 바로 한국에서만 자라던 구상나무다. 구상나무는 한국 특산종으로 한라산을 비롯해 지리산, 무등산, 덕유산 등 높은 산에서 잘 자라는데, 겨울철 고산 지대에서 하얀 눈을 뒤집어 쓴 피라미드형 나무의 모습이 영락없는 크리스마스트리다. 특히 한라산의 구상나무는 줄기에 굵은 가지가 촘촘하게 붙어 있으면서 높게 자라지 않아 집안 거실을 장식하는 크리스마스트리로 제격이다. 실제 서양에서 키워 판매되는 크리스마스용 구상나무의 원산지는 우리나라의 제주도 한라산이다.

한국전나무(Korean Fir)로 알려진 구상나무는 1907년 타케(Emile Taquet)와 포리(U. Fauriei)라는 두 선교사에 의해 한라산에서 채집되었고, 이 중 포리의 채집본이 미국 하버드대학 아널드식물원의 식물분류학자인 윌슨(Earnest H. Wilson)에게 제공되었다. 이를 계기로 1920년 아널드식물원이 연구 보고서 1호에 이 구상나무를 신종이라 발표하면서 그 존재가 전 세계로 알려지게 되었으며, 정식 학명은 'Abies koreana E. H. Wilson'이다. 당시의 표본 두 점이 지금도 아널드식물원에 소장되어 있으며, 그때의 씨앗에서 발아한 한 그루의 구상나무는 식물원 정원에 심겨져 있다고 한다. 현재 구상나무는 세계자연보전연맹(IUCN)에 의해 국제적 멸종 위기 종으로 지정되어 있다.

▶ 한라산 윗새오름의 구상나무(사진: 이종혁, 〈풀꽃나무 이야기〉).

예수님이 오신 날을 기념하는 나무로 한국산 구상나무에서 유래된 수종이 가장 인기 있다는 사실은 예수님을 구주로 믿는 한국인으로서 남다른 느낌을 받는다. 예수님이 오신 유대 땅 베들레헴에서 가장 멀리 떨어진 땅 끝에 있는 지역이 한국이 속해 있는 극동 지역인데, 그 극동 지역의 높은 산에서 한겨울 추위를 이기며 제대로 자라지도 못한 나무로부터 유래된 나무들이 예수님 오심을 기념하는 날에 기쁘게 쓰이고 있다는 것은 결코 우연이 아니리라.

하나님이 하시는 일에는 결코 우연이란 없다.

"룻이 가서 베는 자를 따라 밭에서 이삭을 줍는데 우연히 엘리멜렉의 친족 보아스에게 속한 밭에 이르렀더라"(룻 2:3).

우연히 보아스의 밭에서 이삭을 줍던 불운의 모압 여인 룻은 보아스와의 사이에서 오벳을 낳았고, "오벳은 이새를 낳고 이새는 다윗을"(룻 4:22) 낳았다. 바로 예수님의 계보가 탄생된 것이다.

"그런즉 모든 대 수가 아브라함부터 다윗까지 열네 대요 다윗부터 바벨론으로 사로잡혀 갈 때까지 열네 대요 바벨론으로 사로잡혀 간 후부터 그리스도까지 열네 대더라"(마 1:17).

"성경은 그리스도가 다윗의 후손 가운데서 날 것이요, 또 다윗이 살던 마을 베들레헴에서 날 것이라고 말하지 않았는가?"(요 7:42, 새번역 성경)

다윗의 후손 예수가 베들레헴에서 출생할 일은 이미 성경 속에서 약속되어진 하나님의 필연이었다. 다만 하나님의 뜻을 모르는 우리에게 우연히 이루어진 것으로 보일 뿐이었다. 이러한 시각으로 볼 때 한국의 구상나무가 예수님 탄생의 날을 기뻐하는 상징인 크리스마스트리로 애용되는 일은 결코 우연이라 할 사안이 아니다.

예수님이 신성을 버리고 한 인간으로 이 땅에 오신 사건의 본질은 자신을 낮추심이다. 바울은 빌립보서에서 이 놀라운 일에 대해 다음과 같이 적고 있다.

"너희 안에 이 마음을 품으라 곧 그리스도 예수의 마음이니 그는 근본 하나님의 본체시나 하나님과 동등됨을 취할 것으로 여기지 아니하시고 오히려 자기를 비워 종의 형체를 가지사 사람들과 같이 되셨고 사람의 모양으로 나타나사 자기를 낮추시고 죽기까지 복종하셨으니 곧 십자가에 죽으심이라"(빌 2:5-8).

예수님은 이 땅에 낮은 자세로 오시어 종의 형체를 가진 사람이 되셨고, 죽기까지 복종하시어 십자가에서 죽으심으로 오늘 우리가 믿음을 가지게 되었다. 이러한 예수님의 오신 날을 기념하는 크리스마스트리를, 특히 우리 산야에서 눈보라와 비바람에 시달린 나무에서 기원된 그 크리스마스트리를 이제는 새로운 마음가짐으로 다시 본다.

조율이시 - 왜 제사상에 사과는 없지?

"1900년대 초반, 우리나라에서 사과가 본격적으로 재배되기 시작한 지 100여 년의 세월이 흘렀다. 사과의 효시는 대구 계명대학교 동산의료원 전신인 제중원의 설립자 닥터 존슨이 1899년 미국에서 가져온 사과 묘목 72주를 1900년에 남산동 자택 정원과 뒷마당에 심은 것으로 유래한다."

농촌진흥청 국립원예특작과학원 최동로 원장의 글 '사과 산업 100년의 역사'의 머리말이다.

'조(棗, 대추) 율(栗, 밤) 이(梨, 배) 시(枾, 감)'. 믿지 않는 가정에서 제사 지낼 때 제사상의 맨 앞줄에 놓이는 과일들의 배치 순서다. 그런데 이상한 점은 한국을 대표하는 과일인 사과가 들어 있지 않다는 것이다. 오랫동안 갖고 있던 의문점이 풀리게 된 사연은 다음과 같다.

한국 최초의 사과 재배자는 뜻밖에도 의사로서 미국으로부터 대구에 파송되었던 닥터 존슨(Wood bridge O. Johnson, 한국명 장인차, 1869-1951) 선교사였다. 선교사들은 한국의 식물 종을 외국으로 소개했을 뿐만 아니라 한국에 도움이 되는 수종을 외국에서 들여오기도 했다. 경상북도 지역의 선교를 지원했던 대구의 선교 기지 청라언덕에는 그 유명한 대구 사과의 원조 사과나무가 심겨져 있다.

대구는 사과로 유명한 도시인데, 대구 사과 농업의 시초가 바로 선교사들이 들여온 사과나무다. 대구의 사과는 지금의 동산의료원으로 발전한 제중원(濟衆院) 초대 원장이었던 존슨 선교사가 1897-1923년 사이에 대구에서 의료 선교사로 근무하면서 1899년에 도입한 것으로 전해진다. 대구 동산에 선교 기지를 마련한 선교사들은 거주할 주택을 지었는데, 이는 현재까지 남아 있는 아담스, 존슨, 브루언의 주택들이다. 이들 세 선교사는 주변의 터에 화초와 채소, 과일 나무 등을 심었는데, 존슨 원장이 제중원을 동산 언덕에 신축하면서 미국에서 주문한 72그루의 사과나무 묘목을 선교사 주택 뒤뜰에 심은 것이 대구 사과 농업의 시작이 되었다.

존슨 원장은 대구 분지의 기후 특성상 연교차와 일교차가 크고 지질이 사질토이며 일조량이 풍부해서 색깔과 맛이 좋은 사과를 재배하기에 아주 좋은 조건을 갖추고 있다고 판단해 지역 주민들에게 미국산 과일 나무를 보급하기 시작했다. 한두 해 지나면서 존슨 원장의 판단은 적중했다. 사과나무가 좋은 결실을 거두자 해를 거듭할수록 사과 농사가 번창했으며, 존슨 원장이 묘목을 심은 지 반세기가 지난 1960년대에는 대구 지역 사과 생산량이 전국 생산량의 83퍼센트에 달했다고 한다. 한국의 전 국민이 대구 하면 사과를 떠올릴 정도로 사과는 대구의 상징이 되었다.

존슨 원장이 심었던 72그루의 사과 묘목 중 한 그루는 몇 년 전까지만 해도 대구시 보호수 1호로 지정되어 보호받았다. 이 대구 최

▶ 1899년, 선교사들에 의해 동산의료원 선교박물관 앞에 심겨진 대구 최초의 사과나무. 동산의료원 개원 당시 의료 선교사인 존슨 박사가 초대 병원장으로 부임하면서 미국 미주리 주에 있는 사과나무를 가져와 심은 것으로 전해진다. 청라언덕의 사과나무는 존슨 원장이 심은 나무의 자손목으로 대구시 보호수 1호로 지정되어 있다(사진: 〈경북매일〉[2018. 06. 21]).

초의 사과나무는 2013년 5월에 할아버지가 되었다. 2007년에 2세 목의 가지를 다른 사과나무에 접붙인 후 묘목장에서 1.2미터 정도 키운 후 어미 나무 옆에 심은 것이다. 대구 최초의 사과나무, 아니 한국 최초의 사과나무가 100년도 더 넘어 손자손녀 사과나무와 함께 자라고 있었으나, 안타깝게도 세월의 무게를 이기지 못해 2세목 (자손목)까지는 고사하고 지금은 3세목만 남아서 자라고 있다. 이 사과가 자타가 공인하는 세계에서 가장 맛있는 한국 사과로 발전하게 된 것이다.

이와 같이 선교사들은 땅 끝까지 복음을 전하는 것은 물론이고, 지역의 기후와 산업에 적절한 종자를 서로 매개해서 산업의 발전에 기여하기도 했다. 선교사들은 서양 문명을 조선으로 전파시킨 장본인들이기도 하며, 조용한 아침의 나라 조선의 풍습을 서구에 소개한 사람들이기도 하다. 하나님 나라의 복음을 땅 끝까지 전파할 뿐만 아니라, 한 문명권의 문화를 다른 문명권에 전파시키는 문명 교류자 역할도 톡톡히 했던 셈이다.

제2부

하나님의 역사를 만들며

볼지어다 내가 네 앞에 열린 문을 두었으되
능히 닫을 사람이 없으리라
내가 네 행위를 아노니 네가 작은 능력을 가지고서도 내 말을 지키며
내 이름을 배반하지 아니하였도다

(계 3:8)

7.
편지로 키운
초대 충청남도지사 황인식

공주, 한국
1923년 11월 13일
에릭 노스 박사님
선교회, 뉴욕 시

노스 박사님께

저는 한국 남학생의 콜롬비아사범대학 진학과 관련해서 이사회의 누군가에게 편지를 쓰고 싶습니다. 박사님께서 교육 부서에 계신 만큼, 제가 보기엔 박사님에게 이 문제에 관해서 편지를 쓰는 것이 좋을 것 같습니다.

황 군은 17년 전 학교가 처음 설립되었을 때 작은 소년으로 우리 학교에 왔습니다. 그는 우리 학교에서 초등 과정을 마치고 9학년에 해당되는 1년을 더 공부했습니다. 여기에 있다가 그는 평양에 있는 우리 학교에 가서 고등학교를 졸업했습니다. 그러고 나서 처음에는 초등학교에서 선교 교육으로 일을 하다가 그 후에는 고등학교의 보조 교사로 일했습니다. 황 군은 늘 착하고 매우 성실한 학생이었습니다. 그가 이 학교에 있을 때는 일본어나 영어를 가르치지 않았습니다. 하지만 그가 학교를 떠나 선생님으로 일할 때, 그는 통신 강좌로 일본어와 영어 모두를 공부했습니다. 그는 너무 잘해서 일본에서 반 년간 머물렀을 때 그의 일을 잘 해낼 수 있었습니다. 그가 이곳 고등학교의 선생님이었을 때는 영어를 조금 가르칠 수 있었습니다.

1921년 여름, 황 군은 미국에 가서 콜로라도 주의 덴버대학교 신입생으로 입학했습니다. 첫 두 학기에는 새로운 환경과 어려운 언어 탓에 10학점만 들었습니다. 하지만 첫 두 학기 이후부터는 한 학기에 13-17학점을 이수할 수 있었고, 거의 모든 과목에서 80퍼센트의 점수를 받았습니다. 덴버에서 머무는 동안 그는 하우스보이와 요리사로서 여러 집에서 일했습니다. 그는 기숙사비와 다른 비용들을 벌었으며, 다섯 달 전까지만 해도 매달 15달러씩을 이곳 공주에 있는 부인과 가족에게 보냈습니다.

황 군은 뛰어나지는 않지만 신실하고 신중하고 친절하며, 결국에는 성공할 훌륭한 인재입니다. 우리는 그가 공주로 돌아와서 우리 학교에서 선생님으로 있다가 공주의 미션 고등학교에서 교장선생님이 되길 바랍니다. 이를 위해서는 그가 콜롬비아대학교 사범대학에서 1년을 다니면서 교장선생님이 되기 위한 과정을 밟는 것이 바람직합니다.

그는 대학 과정에서 수업료를 충당하려고 일하는 것이 힘들었습니다. 하지만 콜롬비아대학교에 다니기 위해서는 그보다 더 힘들 것입니다. 이 마지막 해에 황 군은 공부에 전념해야만 합니다. 그가 사범대학의 과정을 수학하는 동안 장학금을 받을 수 있을까요? 황 군은 현재 3학년에 재학 중이며, 그의 여름 학기로서 1925년 봄에 졸업할 것이라고 봅니다. 제 생각엔, 그가 이듬해 6월에 덴버에서 문학학사 학위를 받지 않는다 해도 1925년 2월에 콜롬비아대학교에 갈 수 있도록 그와 관련된 일을 1924년 가을 학기 이전에 끝낼 것 같습니다.

이 제안에 대해 고려해 주시고, 그의 최근 학업에 대해 참조하고 싶으시다면, 콜로라도 주 덴버, 덴버대학교의 H. A. 하우(Howe) 박사님께 편지하시면 됩니다.

진심과 감사함을 담아,
프랭크 E. C. 윌리엄스

윌리엄스 선교사는 공주 왕촌에 사는 가난한 시골 소년 황인식에게 복음을 전한 뒤 1906년 공주 영명학교에 입학시켰다. 1909년,

영명학교를 1회로 졸업한 황인식은 당시 그곳에는 고등학교 과정이 없었기 때문에 미국 감리교에서 세운 평양 숭실학교에 입학하게 된다. 당시 농촌 가정의 경제 형편으로는 불가능한 일이었지만 윌리엄스 선교사의 적극적인 지원으로 평양까지 가서 유학할 수 있었다.

1912년, 평양 숭실학교를 졸업한 황인식은 그해 6월 모교인 공주 영명학교에 교사로 초빙되었다. 교사로 재직할 때는 일제로부터 불령선인(不逞鮮人)으로 지목되어 항일독립운동과 관련해서 감시와 내사를 당하면서도 1919년 공주의 만세운동을 주도했다.

이후 그는 1921년 영명학교 교사직을 사임하고 윌리엄스 선교사의 모교인 덴버대학으로 유학을 떠난다. 마침 그해는 윌리엄스 선교사가 미국으로 안식년을 떠나는 해이기도 했다. 이러한 점을 볼 때 미국 유학에 윌리엄스 선교사의 결정적 도움이 있었음은 말할 필요도 없다. 또한 황인식의 학비와 생활비 마련을 위한 선교사의 편지 외교는 그야말로 절절하다.

1922년 2월 22일 편지를 보면, 안식년을 맞아서 미국에 온 윌리엄스 선교사가 덴버대학에 유학 온 제자 황인식과 함께 주일이면 각 교회의 주일학교와 청년 단체를 순회하며 간증을 하는 상황을 전하고 있다. 어떤 날은 하루에 일곱 번의 간증을 하기도 했는데, 황인식이 한국 옷을 입고 한국말로 전하면 윌리엄스 선교사가 영어로 통역하곤 했다. 한 번은 황인식이 성경 공부 반에서 영어로 간증을 했는데, 그 간증을 듣고 울지 않는 사람이 한 명도 없을 정도로 감동적인 시간이었다고 적고 있다.

1923년 11월 7일, 뉴욕 선교 본부의 랄프 워드(Ralpf Ward) 박사에게로 보낸 편지에서 윌리엄스 선교사는 그가 사랑하는 제자 황인식에 대해 언급하고 있다. 황인식은 1년 안에 덴버대학교를 졸업하고 다시 콜롬비아대학교 사범대학에서 수학할 예정인데, 그곳에서 공부할 수 있도록 장학금 주선을 부탁하는 내용이다. 황인식은 덴버대학교를 다니는 동안에도 경제적으로 매우 힘들어서 기숙사비와 생활비를 벌기 위해 일하면서 공부를 해야만 했다. 마지막 해에 장학금을 받아서 공부에만 전념할 수 있다면, 그는 더 잘 준비되어서 고향이자 선교지인 공주, 그의 모교에 와서 일할 수 있을 거라 희망했다.

일주일 뒤, 윌리엄스 선교사는 다시 뉴욕 선교 본부의 에릭 노스(Eric North) 박사에게 황인식을 만나게 된 경위와 당시의 현황들까지 상세하게 기재한 편지를 보낸다. 에릭 노스 박사가 선교 본부의 교육 부서를 맡고 있었기 때문에 그에게 편지를 쓰는 것이 실질적으로 황인식을 돕는 데 도움이 될 것이라 생각했기 때문이다.

랄프 워드 박사는 황인식의 콜롬비아대학교 사범대학 유학 장학금 주선을 부탁하는 윌리엄스 선교사에게 황인식 본인이 직접 자신의 향후 학업 계획과 재정적 고충을 호소하는 편지를 작성해서 선교 본부에서 교육을 담당하고 있는 에릭 노스 박사에게 보낼 것을 권면하고 있다. 비행기가 없던 시절, 편지가 한 번 오가는 데 몇 달의 시간이 걸리는 점을 감안하면 뉴욕에서 한국으로, 한국에서 덴버로, 그리고 다시 덴버에서 뉴욕으로 편지가 전달되는 기간이 매우 길었을 것임을 쉽게 짐작할 수 있는데, 여기서 우리는 자신의 문제를 스스로 직접 부딪히며 해결해 나가게 하는 미국 교육 방식의 일면을 볼 수 있다.

1924년 1월 24일 편지를 보면, 한국인들이 황인식을 미국으로 유학 보내기 위해 기금을 마련해서 덴버대학교 등록금의 절반을 대었으며, 벨 이스테이트(Bell Estate) 이사회에서 나머지 절반의 등록금과 교재 비용을 제공했다고 적고 있다. 황인식은 덴버에서 완전히 자립해서 생활할 뿐만 아니라 다른 한국 유학생들도 그렇듯이 첫 2년 동안에는 고국에 있는 그의 아내와 가족들을 위해 매달 15달러씩을 보냈다. 또한 덴버에 있는 윌리엄스 선교사의 어머니가 다니는 교회의 주일학교에서 그의 가족에게 매달 10달러씩을 보내 왔는데, 이 돈은 그가 한국에 돌아와 교직 생활을 시작하면 다시 돌려보내기로 했다.

편지에는 황인식에게 도움을 주지 않는 선교 본부를 향해 그가 학업을 마치고 한국으로 돌아올 때는 선교 본부에서 도움이 있기를 바란다고 미리 요구하는 내용도 담겨 있다. 이 내용은 황인식이 학업을 마치고 귀국할 때까지 2년 반 동안 계속된다. 1926년 7월 27일 뉴욕 선교 본부로 보낸 윌리엄스 선교사의 편지에는 계속해서 황인식에 대한 지원을 요청하는 내용이 적혀 있다. 뉴욕의 선교 본부에서 황인식에 대한 지원 노력을 하지 않은 것에 대해 지적하며 황인식이 정말 도움을 필요로 하고 있음을 역설한다.

황인식이 도움을 필요로 하지 않는 상황이라면 윌리엄스 선교사 본인도 이렇게 간구하지는 않았을 것이다. 그와 그의 가족들이 열성을 다해 공부하고 생활했음에도 황인식이 1927년 귀국했을 때 그의 아내는 50달러의 빚을 지고 있었다. 그동안 나중에 갚기로 하고 지원받은 300달러를 다시 미국으로 돌려보내기 위해 윌리엄스 선교사는 학교 지원금을 사용해서라도 이를 해결해 주겠다고 나서고 있다. 이러한 내용의 편지를 보내고 난 후 보름 뒤 선교 본부로 보낸 1926년 8월 16일의 편지를 보면, 학교 운영이 어려워 빚더미에 있으며, 추가 자금이 마련되지 않으면 학교가 문을 닫아야 할 지경이라고 언급하고 있다. 이러한 상황에서 황인식에 대한 지원 의지를 밝혔다는 것은 윌리엄스 선교사가 황인식을 얼마나 아끼고 있었는지를 가늠할 수 있는 척도가 된다.

윌리엄스 선교사는 지구 반대편에 있는 조선에 대해 전혀 알지 못했던 당시의 미국 사회에서 황인식이 성공적으로 학업을 수행함으로써 덴버대학교의 교수와 학우들이 한국에 대해 호감을 표시하며 존경심을 나타내고 있다고 전한다. 아울러 그는 황인식이 콜롬비아대학교 사범대학에서 장학금을 받을 수 있도록 덴버대학교의 학장에게 추천서를 부탁했다. 황인식 본인과 윌리엄스 선교사의 노력, 뉴욕 선교 본부의 노력, 덴버대학교 학장의 추천서 등으로 인해 황인식은 콜롬비아대학교 사범대학에서 장학금을 받아 공부할 수 있게 되었다.

황인식은 1925년 6월에 콜로라도의 덴버대학교를 졸업하고 콜롬비아대학교 사범대학에 진학해서 1926년 말에 졸업한다. 1927년 봄에 귀국해서 그해 3월에 영명학교 교사로 복직한 그는 1929년 11월 일본인 학생의 조선인 여학생 성추행 사건으로 광주학생항일운동이 일어나자 영명학교 학생들의 동맹휴학운동을 주도하다가 투옥된다.

1940년 1월, 일제가 일으킨 태평양전쟁 때 일제의 선교사 추방령으로 윌리엄스 선교사가 추방된 후 황인식이 영명학교 교장을 이어받았으나, 1942년 일제는 영명학교를 강제로 폐교한다. 해방 이후 황인식은 미군정 중앙정부 최고 고문관의 한 사람이 되었으며, 이후 충청남도지사와 국립군산해양대학의 초대 학장을 지냈다. 1949년에는 폐교당했던 영명학교를 복교해서 스승이었던 윌리엄스 선교사의 서원대로 영명학교 제3대 교장에 취임했다.

역사는 황인식을 독립운동가, 교육자, 해방 직후 충청남도지사를 역임한 공무원 겸 정치가로 기록하고 있다. 황인식에 관한 내용은 이 글을 쓰기 위해 읽은 편지 중에서만도 일곱 통의 편지에서 다루어지고 있다. 편지 내용으로 미루어 볼 때 윌리엄스 선교사는 실제로 황인식의 장학금을 위해서, 기숙사비 확보를 위해서, 추천서를 부탁하기 위해서 그리고 친구들에게 황인식의 생활비를 부탁하기 위해서 그보다 훨씬 많은 편지를 썼음을 짐작하게 한다. 한 사람의 스승으로서 제자 한 명을 키워 내기 위해 이렇게 많은 공을 들이는 스승이 이 땅에 얼마나 될까 생각하며 나의 교직 생활을 뒤돌아본다.

▶ 윌리엄스 선교사가 교장으로서 34년간 섬겨 온 공주 영명학교 교정에 세워진 자랑스러운 제자들의 동상. 왼쪽부터 황인식 교장, 조병옥 박사, 유관순 열사.

8.
조선 선교를 위해
농업 전문가가 되다

오늘날 한국은 세계에서 두 번째로 많은 개신교 선교사를 해외로 파송하는 국가다. 얼마 전 한국세계선교협의회(KWMA) 발표에 의하면 2015년 기준 한국 교회는 세계 171개국에 2만 7,993명의 선교사를 파견하고 있다. 오늘날 개신교 선교사의 파송 경로는 크게 교단과 선교 단체로 구분할 수 있는데, 교단에서는 목회자를 중심으로 선교사를 파송하며, 선교 단체에서는 일반적으로 전문 훈련 또는 신앙 훈련을 받은 전문성을 지닌 평신도 헌신자들을 파송하고 있다. 목회자든 평신도 전문가든, 선교사로 부름 받아 나선 자들은 선교지에서 하나님 나라의 확장을 위해 골방에서 열방을 품고 기도하며 그들을 필요로 하는 곳이라면 어디든 달려갈 준비가 되어 있는 사람들이다.

윌리엄스 선교사는 1906년에 내한해서 공주 선교 기지에서 교육 사업을 시작으로 선교 사역을 이루어 나갔다. 오늘의 영명중·고등학교를 일구어 가면서 교장으로, 지역 교회를 지원하고 관리하는 감리사로, 또 농촌 지도자로 1인 다역의 기능을 수행했다. 그는 조선의 농촌 현실에서 인문 교육보다는 실업 교육이 더 다급하다고 판단해, 그가 조선에 온 1906년 이래 25년간 교장으로서 인문계 교육을 시키던 영명학교에 대해 실업학교로의 전환을 시도했다. 명분을 중시하는 한국 사람들로부터 심한 반발이 있었지만 윌리엄스 선교사는 주변을 설득해 나갔다.

윌리엄스 선교사가 판단할 때 한국의 산업 구조 현실에서는 고등학교를 졸업하더라도, 또 심지어 어렵사리 대학을 졸업하더라도 마땅히 취직할 곳이 없었다. 이에 인문계 교육보다는 실업계 교육, 그중에서도 당시의 산업이라고는 농업이 거의 유일했기에 농업 생산성을 높이는 농업 교육을 시키는 것이 학생들에게 훨씬 더 도움이 될 것이라 생각했다. 윌리엄스 선교사는 농업 생산량의 증가 없이는 농촌 목회도 어렵다고 판단했다. 농촌에 목회자가 상주하면서 목회를 하더라도 목회자의 생계를 지원할 대책이 없었으며, 목회자의 자녀 교육 또한 불가능한 상황이었기 때문이다. 즉, 농업 교육을 통한 농촌 수입 증대는 곧 농촌 목회와 농촌 복음화를 가능하게 하는 일이었던 것이다.

1931년 3월 19일자 뉴욕 선교 본부로 보낸 편지를 보면, 선교사 부부가 7년의 선교 사역 후에 얻은 안식년을 맞아 전년도 6월에 본국인 미국에 왔음에도 여가 시간이나 친척들을 만날 시간조차 없이 그들이 감당해야 할 미래의 사명을 위해 학업에 집중하고 있는 모습을 볼 수 있다. 콜로라도의 덴버대학교와 콜롬비아주립대학교에서 정규 학기와 여름 계절 학기 등 가리지 않고 대학원 과정을 이수해서 1년 만에 석사 학위를 받을 예정이었다.

그가 이수한 과목들은 농업 교수법, 농촌 가계와 기술 교육, 공공 사업 교육, 그리고 야학에서 성인들을 위해 쓸 교육 방법, 농촌 사회학, 농장 경영학, 사료와 먹이 주기, 동물 육종, 동물 질병, 주물과 산림 과목들로서 공주의 영명학교를 농업학교로 변모시키는 데 필요한 전문적인 지식을 습득하기 위함이었다. 이와 함께 아내 앨리스 선교사도 충청남도의 시골 지역 여성 프로그램 일을 돕기 위해 가정 경제학을 이수했다. 또 한국으로 갔을 때 문서 작성에 많은 도움을 줄 수 있도록 타자 수업도 들어서 이제는 운지법의 전문가가 되었다고 쓰고 있다. 아울러 농촌 선교를 위한 사업 계획 제안서를 동봉했는데 그 내용은 다음과 같다.

1. **경제:** 농사, 가축 사육을 위한 더 향상된 방법, 농사일에 효율적인 시간 사용 계획, 대출과 구매, 판매를 위한 협동조합에 대한 도움 주기.
2. **교육:** 농부와 그의 아내들을 위한 야간 학교 및 소년 소녀들을 위한 야간 학교. 몇몇 수업은 농업에 특화하고 나머지는 켄터키 주의 '달빛 학교'와 비슷하게 초등 교육에 특화.
3. **건강과 위생:** 건강한 생활, 청소의 날, 소독 사업, 질병 예방에 관한 교육과 기획.
4. **도덕과 영적 노력:** 범죄, 특히 술과 여성 매매에 대한 개혁 운동. 앞의 범죄에 대한 청소년 교육. 최상의 영적인 삶 유지와 이를 위한 최상의 방법 추구에 대한 새 감리교회의 책임감.

또한 이와 같은 사업을 위해서 전반적 사업 자금 300달러, 낙농업을 위한 장비와 가축 구입비 1천 달러, 영사기와 필름, 영화 카메라 구입비 300달러, 샘플 경작 도구 구입비 100달러, 책과 선교 사업에 필요한 여러 자료 구입비 100달러 등 총 3,300달러의 예산을 요구하고 있다.

이러한 농촌 사역 제안서를 제시한 윌리엄스 선교사는 이미 기아선상에 있는 선교 현장에서 25년간 사역한 베테랑 선교사이며, 또한 당시 이미 세계 최강국이던 미국의 대학에서 농학 석사를 눈앞에 둔 전문가였다. 오늘날 우리의 판단 기준으로 보면 그저 그런 정도의 문서 기록에 지나지 않을지 모르지만, 당시에 산업이라고는 농업밖에 없는 현실에서 협동조합의 개념까지 포함한 이러한 농촌 사역 제안서는 매우 가치 있는 새로운 제안이었다.

여기서 우리가 눈여겨보아야 할 대목은, 선교사의 사역에 있어서 영적인 선교 정책부터 우선하지 않았다는 것이다. 경제와 교육, 건강과 위생 및 생활 도덕에 관한 사항들, 곧 생활에 필수적인 요소들과 자녀 교육에 대한 장래 희망적인 요소들을 다루어 접근을 용이하게 하고, 그를 통해서 그들의 마음을 열고 난 후에 영적 삶을 추구할 수 있도록 교회의 역할을 부여하고 있다는 것이다. 이는 농촌 현장에서 한글 교육, 농업 교육을 실시하면서 찬송가 부르기도 함께 실시해 선한 영향력을 통해 그들의 발길을 스스로 교회로 향하도록 하는 선교 정책이다. 80-90년 전 이 땅에서 시행된 윌리엄스 선교사의 선교 정책은 오늘날 한국이 선교하는 저소득 국가에 그대로 적용해도 손색이 없을 것이다.

1931년, 윌리엄스 선교사는 농학 석사 학위를 받은 농업 전문가로서 그해 가을에 선교지인 공주로 돌아와 축산 교과서를 저술하면서 겨울 농한기에는 농촌 강습회를 열기도 했다. 공주(홍성, 갈산, 경천), 천안, 청주, 안동, 대구, 부산, 진주, 광주, 경성, 개성, 해주, 인천, 원주 등 전국적으로 다니면서 대사경회를 열어 말씀 사역과 함께 농업 기술을 포함한 농촌 반을 지도했다. 그리고 이듬해인

1932년 4월부터는 공주 영명학교를 실업계 학교인 영명실수학교(남녀공학)로 체제를 변경해서 실업 교육으로 전환했다.

실제적으로 윌리엄스 선교사는 당시 한국에서 제일가는 농업 전문가였다. 이것이 1945년 일제로부터 해방된 후 시작된 미군정 체제의 신탁 통치기에 윌리엄스 선교사가 맥아더 사령관으로부터 미군정 농업정책 고문관으로 초청된 배경이다.

"그리고 하나님은 자기 백성을 크게 축복하셔서 씨를 뿌리는 곳마다 그들이 풍성한 농산물을 거둬들일 것이며 그들의 소 떼와 양 떼는 푸른 목장에서 풀을 뜯어먹을 것이다"(사 32:20, 현대인의 성경).

당시 한국의 농촌뿐만 아니라 도시 지역에서도 하루 세끼를 다 챙겨서 식사하기란 어려워 두 끼로 하루하루를 살아가는 사람들이 많았다. 이러한 사회 환경에서 윌리엄스 선교사는 성경 말씀대로 씨를 뿌리는 곳마다 풍성한 농산물을 거두는 농사법과 가축 기르는 방법을 교육시키는 실업 교육에 전념했다. 이를 위해 자신이 농학 석사 학위를 받는 등 농학 전문가로서 전문 사역자의 길을 걸었던 것이다.

9.
빵을 굽고 닭을 쳐서
장모님이 보낸 선교비

1914년 1월, 7년 만에 돌아오는 휴가를 본국인 미국에서 보내는 동안 윌리엄스 선교사는 장모와 함께 살며 대학에서 따로 공부를 하고 있었다. 선교사들의 안식년 휴가는 통상 1년이기에 그해 5월 20-25일 사이에는 한국의 공주로 돌아가야 했다. 그런데 그는 휴가 기간을 연장해서 8월 말에 선교지로 돌아가기를 희망했다.

휴가 기간을 연장하고자 하는 데는 크게 두 가지 이유가 있었다. 첫째는, 영육 간의 재충전이다. 그는 선교하는 동안 영적으로나 전문 지식적으로 많이 고갈되어 재충전하지 않으면 안 된다고 생각했다. 그래서 덴버대학교의 정규 과정에 등록해서 학업을 계속하고 있었는데, 그 과정이 5월 안에는 끝날 수 없는 것이었다. 둘째는, 장모의 건강이다. 장모인 바튼(Barton) 부인이 건강이 나빠져서 전혀 걸을 수가 없었기에, 그는 8월 말까지 휴가를 연장해서 장모의 병세를 살피며 혼자 생활할 수 있을 정도로의 건강 회복을 위해 기도하며 지켜보고 싶었다. 그래도 안 되면 아내는 어머니 병간호를 위해 미국에 남겨 놓고 혼자 공주로 돌아올 생각까지 하고 있었다.

장모의 건강이 악화된 상황에서도 윌리엄스 선교사는 바튼 여사가 앞으로 5년 동안 매년 100달러씩 기부할 것이라는 약속을 뉴욕의 선교 본부에 보고하고 있다. 그러면서 그는 장모가 직접 닭을 기르고 여러 명의 아이들을 돌보며 받은 돈으로 여윳돈이 없는 어려운 상황에서 기부해 오고 있음을 밝히고 있다. 5년 동안 작정 헌금을 하게 된 연유는, 1819년 설립된 미국 첫 감리교 선교회의 100주년을 맞이해서 1919년을 기념하는 100주년 기념사업에 헌금을 하기 위함이었다.

1914년의 100달러는 오늘날 어느 정도의 가치일까? 1920년대 일제강점기의 화폐 가치 연구에 의하면, 당시의 100달러는 오늘날 적어도 1천만 원 이상에 해당하는 금액이다. 세계 12위권의 무역 강국인 오늘날의 한국에서도 직장인이 헌금으로 보내기에는 부담스러운 금액이다.

또 이 편지로부터 9년 뒤인 1923년 5월 14일 편지에서는 장모님이 빵을 구워 팔고 닭도 직접 치며 여러 명의 아이들을 돌보아 버는 돈으로 매년 100달러씩 100주년 기념사업회에 기부해 왔음을 쓰고 있다. 그러면서 장모님의 이러한 사정을 잘 알고, 또 선교지로 보내지는 선교 자금이 누구로부터 어떻게 오는지도 잘 알고 있기에 자신은 선교 자금을 누구보다도 더 조심스럽게 사용하고 있다고 쓰고 있다. 윌리엄스 선교사는 선교지에 보내지는 선교 자금이 어렵게 사는 사람들로부터 더 많이 기부되고 있음을 잘 알고 있다고 밝히고 있다.

노령의 연세에도 불구하고 어렵게 살면서 모은 돈으로 딸과 사위가 헌신하고 있는 조선의 공주 선교 현장에 조금이라도 보탬이 되고자 했던 바튼 여사의 헌신은 우리에게 큰 감동을 안긴다. 이러한 헌신된 마음이

▶ 미국 감리교 해외 선교 100주년 기념사업으로 지원된 2만 5천 달러의 건축 헌금으로 완공된 공주 고등보통학교의 완공 기념 모퉁이 돌을 웰치 감독이 미국에서 와서 직접 전달하고 있다. 당시 공주 고등보통학교는 인구 100만에 이르는 충남 지역의 유일한 고등학교 과정이 설치된 학교였다. 윌리엄스 선교사의 장모인 바튼 여사도 100주년 기념사업을 위해 1년에 100달러씩 여러 해 동안 헌금했다(사진: 영명중·고등학교).

있었기에 걷기도 힘들었던 쇠약한 상황에서 다시 건강을 회복해 젊은 나이에도 감당하기 힘든 일들을 할 수 있었던 게 아닐까? "사명자는 사명을 이룰 때까지 죽지 않는다"라는 아프리카의 복음 전도자 리빙스턴(David Livingstone)의 유명한 말처럼, 바튼 여사도 건강을 회복해서 다시 딸과 사위의 뒷바라지를 할 수 있었다.

'바튼 여사가 한 일들이 하나님으로부터 온 사명인가?'라고 되물을 수도 있겠다. 우리는 각자의 형편과 처지에 따라 받은 사명이 다르다. 목회자, 성도, 교사, 학생, 직장인, 사업가, 가정주부 등 사명이 각기 다 다르다. 그러나 사명은 다를지라도 그 사명에 임하는 태도와 자세는 다르지 않을 것이다. 바울은 "우리는 몸으로 있든지 떠나든지 주를 기쁘시게 하는 자가 되기를 힘쓰노라"(고후 5:9)고 말했다. 그는 이 세상에서의 인간적인 삶에 연연하지 않고 오직 살아도 주를 위해서 살고, 죽어도 주를 위해서 죽기를 사모했다.

세상 사람들이 보는 더 중요한 사명이나 덜 중요한 사명의 구별은 아무런 의미가 없다. 예수님은 작은 능력, 즉 적은 힘을 가지고도 주님의 말씀인 땅 끝까지 증인이 되는 사명을 지키며 주님의 이름을 끝까지 증거한 빌라델비아교회를 칭찬하셨다.

"볼지어다 내가 네 앞에 열린 문을 두었으되 능히 닫을 사람이 없으리라 내가 네 행위를 아노니 네가 작은 능력을 가지고서도 내 말을 지키며 내 이름을 배반하지 아니하였도다"(계 3:8).

예수님은 큰 능력을 가지고 엄청난 영광을 드린 교회를 찾지 않으셨다. 남들이 알아보기조차 어려운 작은 능력을 가진 우리라도 예수님의 이름을 지키기 위해 노력한다면 마지막 날에 칭찬받을 수 있다는 희망을 가질 수 있는 대목이다.

100여 년 전 미국에서 대학을 졸업한 사람이 얼마나 되었을까를 생각해 본다. 어쩌면 그녀는 딸과 사위 부부가 미국에서 직장 생활이나 사업을 하면서 가정의 번영을 이루어 자신의 노후를 보살펴 주었다면 얼마나 좋았을까 생각했을지 모른다. 그러나 사랑하는 딸과 사위를 알지도 못하는 나라, 지구상에서 가장 가난한 오지 조선에 갈 수 있도록 허락한 것만도 하나님의 사명에 순종한 것이다. 조선에 온 어떤 선교사의 아버지는 아들 선교사가 떠나는 부두에까지 와서 꼭 조선에 가야만 되겠느냐며 세 번이나 만류했다고 한다.

하나님은 사명이 있는 자들에게 그 사명을 이룰 수 있도록 힘과 용기와 지혜를 공급하신다. 윌리엄스 선교사의 장모인 바튼 여사는 마지막 건강이 허락할 때까지 딸과 사위의 선교 사역을 뒷받침하며 사명을 다해 헌신하다가 1932년 8월에 소천했다.

10.
'괭이'에서 '영사기'까지
전천후 교육 사업

윌리엄스 선교사는 1919년 7월 26일자 편지에서, 영명학교는 35에이커(42,840평, 14.2헥타르)의 산을 갖고 있으며 서로 다른 종류의 2만 5천 그루의 나무들이 잘 자라고 있다고, 그리고 지속적으로 조그마한 수입이 들어오고 있다고 밝히고 있다. 더불어 이 산은 몇 년 후 수천 달러 이상의 가치를 가질 것인데, 이번 년도에는 몇몇 큰 나무를 베어 30달러에 해당하는 연료를 기숙사 난방에 활용했음과 언젠가는 매년 500달러 정도 들어가는 학교와 기숙사에 쓰이는 연료를 이 산지에서 제공하게 될 것이라 쓰고 있다. 윌리엄스 선교사가 기대 수익을 예상하면서 산림 조성 사업을 추진했음을 알 수 있다.

그로부터 9년 뒤인 1928년 11월 30일 편지에서, 윌리엄스 선교사는 농업 교실에서 목공반을 운영하면서 필요한 목재를 직접 기른 나무로부터 구해서 판재로 자르고 톱질과 대패질을 해 학교에 필요한 벤치, 테이블, 목재 걸이 등

▶ 장차 학교 연료 공급을 기대하며 감리교회학교 소년들이 심은 소나무가 있는 영명동산.

75달러어치의 물건들을 만들었다고 적고 있다. 오늘날로 치면 가구 디자인 수업을 진행했던 셈이다.

1932년 11월 9일 편지를 보면 학교가 거의 동물 농장 수준이다. 윌리엄스 선교사는 뉴저지 주 모리스타운의 한 후원자에게 그가 보낸 600달러의 헌금이 어떻게 쓰였는지를 상세히 보고하고 있다. 1932년은 농업 전문학교로 전환한 첫해, 곧 윌리엄스 선교사가 25년 만에 학교를 인문계에서 농업학교로 전환해 이론과 실습을 병행해 가는 교육 개혁 작업을 단행한 첫해였다.

이 편지에 나열된 학교 소유의 동물들은 다음과 같다.

암탉 30마리, 돼지 15마리, 7개의 벌집, 소 3마리, 어린 암소 1마리, 어린 수소 2마리, 염소 2마리, 토끼 50마리(한 해 동안 75마리의 토끼를 내보냈음), 4월 첫째 주에 사 온 18마리의 레그혼 닭들로부터 생산된 20판의 계란 등.

윌리엄스 선교사는 후원금으로 괭이, 삽 그리고 낫, 주택이 있는 농경지까지 구매해서 어려운 학생들로 하여금 그곳에 거주하면서 학교를 다니게 했는데, 오전에는 이론을 공부하고 오후에는 각자 소작이나 가축을 기르게 해 농작물 수입의 40퍼센트를 농사를 지은 학생에게 지급했다. 그러면서 1906년 선교사로 이곳에 온 지난 26년 이래 가장 흥미로운 1년이었음을 말하고 있다.

이 중에서 75달러를 지출한 소 외양간 사업은 한국민의 건강 진흥을 위한 미래 낙농업에 유용한 프로그램임을 소개하고 있다. 젖소 세 마리를 기르고 있는데, 이것이 한국 낙농업의 시초인 셈이다. 실제로 공주 선교 기지에서는 1923년 부임한 마렌 보딩(Maren Bording, 한국명 보아진) 선교사에 의해 유아 복지 사업이 이루어지면서 한국에서 최초로 신생아들에게 우유를 공급하는 우유 급식소(Milk Station)를 세워 1926년부터 미국 후원자의 도움을 받아 본격적으로 시행해 오고 있었다.

영명학교 학생들은 물건 판매 교육 및 실습도 받았는데, 일반인들에게 석유나 견과류 및 우유를 판매해서 그 수익금을 참여한 학생들의 수업료와 기숙사 비용으로 사용할 수 있게 했다. 또한 축산업 부서에서는 돼지를 키우기 위해 땅을 평평하게 고른 후 그곳에 시멘트를 붓고 아카시아나무 기둥을 세우고 오두막을 지어 새로운 돼지우리를 만들었는데, 이 돼지우리는 이 지역에서 돼지를 키우는 모든 이들에게 표준이 되었다. 오늘날의 기준으로 본다면 돼지우리 짓는 일이 뭐 그리 대단한 얘깃거리며 지역의 표준이 될 만한 일이 되는지 의아하겠지만, 그 당시는 그런 일까지도 개선이 필요했던 일제강점기였다. 그 당시 우리나라의 돼지우리는 으레 구정물이 질펀하고 바닥이 질퍽질퍽한 흙바닥 상태로, 돼지우리를 청소하는 일은 생각할 수도 없는 환경 구조였다.

윌리엄스 선교사는 선교 본부에 돼지, 닭, 소, 염소, 토끼 등의 동물 사육에 관한 책을 구해 줄 것을 부탁하고 있는데, 축산업의 최신 지식을 보급하려 애쓴 노력이 돋보인다. 또한 여학생들에게는 누에를 치고 누에고치를 생산해서 끓는 물에 삶아 실을 뽑고 그 명주실로 옷감을 짜는 과정을 가르쳤다. 이것이 아마도 공주시 유구읍이 직물단지로 특성화되는 시작일 수도 있겠다.

▶ 여학생들이 누에치기 실습을 하는 장면(사진: GCAH, The United Methodist Church).

윌리엄스 선교사는 뉴욕의 선교 본부에 농업 프로그램을 진행할 수 있도록 후원해 줄 것을 1931년 3월 19일 편지와 1932년 1월 2일 편지에서 거듭 촉구하고 있다. 당시에 요구했던 내역은 다음과 같다.

1. 전반적인 프로그램 예산

    1) 연간 순회 경비 ································· 300달러

    2) 조력자와 사무실 경비 ························· 500달러

    3) 농사일을 위한 자동차 ························· 1,000달러

2. 가축 사육 일을 위한 장비와 가축 ················ 1,000달러

3. 영사기, 영화 카메라와 띠 필름 ················ 300달러

   (많이 할인된 가격에 구입할 수 있음.)

4. 조선에서 간단한 도구를 만드는 데 견본으로 사용될 농기구 ··· 100달러

5. 이 일에 쓸 도서, 유인물, 기타 ················ 100달러

총 금액 3,300달러

여기서 흥미로운 것은, 농업 프로그램을 수행하는 데 있어 영사기와 영화 카메라 및 필름을 요구하고 있는 내용이다. 실제 가격은 그보다 훨씬 비싸지만 농촌 지역 선교에 관심이 있는 장비 소유자로부터 저렴한 가격으로 구입할 수 있다고 구체적으로 밝히고 있다.

농사일과 농업 교육에 왜 영사기가 필요할까? 윌리엄스 선교사는 자주 순회 농업 교육을 다니곤 했는데, 농촌 사업에서 진행되는 교육 내용을 영화 카메라로 촬영해서 지역별로 다니며 영사기로 상영해 농촌 교육을 실시하려던 계획이었다. 농업 특성상 봄에 파종해서 가을에 결실할 때까지 반 년 이상이 걸리기에 실물을 보아 가며 교육한다는 것이 불가능한데, 그렇다고 말로만 설명하는 것은 효과가 별로 없기 때문이다. 하지만 아쉽게도 윌리엄스 선교사의 이러한 농업 프로그램 계획은 뉴욕 선교 본부로부터 후원을 받

지 못했다. 당시는 바로 전해에 일어났던 뉴욕 월스트리트 붕괴로 인해 대공황의 한가운데 있었기 때문이다.

그럼에도 불구하고 윌리엄스 선교사의 한국 농촌 사업에 관한 열정은 전혀 식지 않고 그대로 지속되었다. 그가 미군정 농업정책 고문관으로 취임한 후, 곧 뉴욕 선교 본부로 농업 프로그램 계획서를 처음 보냈던 때로부터 17년 후인 1949년에도 비슷한 계획서를 뉴욕 선교 본부에 보내면서 선교비 후원을 요청하고 있기 때문이다.

한국인 농부와 일하기 위해 필요한 예산 목록

연간 예산

2명의 한국인 농부	600달러
1명의 한국인 운전사	250달러
1명의 사무원 및 서기	250달러
기름 및 가스비, 수리비	500달러
계층 비용	500달러
총 금액	**2,100달러**

장비 자금

트럭, 장비	4,000달러

필름 스트립, 슬라이드 ·················· 400달러

(슬라이드를 위한)프로젝터와 스크린 ····· 150달러

16mm 영화 프로젝터 ················ 500달러

16mm 영화 카메라 ·················· 250달러

35mm 코닥 스틸 카메라 ············· 100달러

차트, 포스터 등 다른 장비들 ········ 500달러

총 금액 ························· **5,900달러**

공고, 회람, 포스터 등을 위한 자금·· 2,000달러

1951년 총 청구 금액 ············· 10,000달러

1949년 11월 10일

프랭크 E. C. 윌리엄스

    1932년에 필요했던 3,300달러의 금액을 1949년에는 1만 달러로 증액해서 요청했다. 17년의 시간 차이가 있기에 물가 상승을 고려하면 증액도 아니었다. 여전히 영사기 및 영화 카메라와 같은 교육 홍보용 영상 장비는 항목에 빠지지 않고 들어 있다. 후원금으로 괭이, 호미, 낫부터 조림사업, 양잠, 가축 사육, 영사기 및 영화 카메

라 매입까지 전천후 활동을 해 온 윌리엄스 선교사다. 윌리엄스의 1932년 1차 한국 농업 교육 사업 의지는 미국의 경제 공황에 의한 후원금 부족으로 실행되지 못했고, 그로부터 17년 뒤 1949년 말에 제안한 2차 사업 의지는 1950년 발발한 한국전쟁 때문에 무산되고 말았다.

바울은 우리로 하여금 주님을 위한 사역을 하다가 장벽을 만나더라도 낙심하지 말라고 권면한다. 무슨 일을 만나든지 예수님이 인도하신다는 믿음을 가지고 나의 갈 길을 묵묵하게 걷는 것이 믿음이기 때문이다.

"그러나 형제들이여, 선을 행하다가 낙심하지 마십시오"(살후 3:13, 우리말 성경).

"여러분, 거역하는 죄인들을 참으신 분을 생각하십시오. 그리하여 지쳐 낙심하지 마십시오"(히 12:3, 우리말 성경).

일을 하다 보면 거절도 만나고, 환경의 파도도 만나고, 이유 없이 당하는 어려움도 만난다. 고난이 한창일 때 우리 시선을 십자가로 돌려 보자. 십자가에 달리신 예수님의 고난을 생각하면서 내가 당한 고난을 이겨 낼 수 있었음을 고백하지 않을 수 없다. 예수님은 낙심하는 상황 가운데 있는 자들의 롤 모델이시다.

11.
일제의 사립학교 탄압과
희망의 노래

1910년 8월 29일은 국치일로서 국가가 수치를 당한 날이라는 의미다. 대한제국 황제 순종이 양국(讓國)의 조칙을 내림으로써 대한제국의 종결이 확정된 '경술국치'(庚戌國恥)로 불리는 사건이 일어난 것이다. 이날 조인된 '한일병합조약'(韓日倂合條約)은 제1조에서 "한국 전부에 관한 일체 통치권을 완전히 또 영구히" 일본에게 양여한다는 것으로 시작하고 있다.

이렇게 우리나라가 일본의 식민지 국가가 된 이후 일제 총독부는 식민지 통치를 위해서 교육을 장악하기 시작했다. 그때까지는 사립학교의 상당수가 선교사들이 운영하는 기독교 학교였는데, 일제는 1911년에 사립학교규칙을 공포하며 사립학교들을 탄압하기 시작했다.

사립학교법은 일제가 사립학교를 정비해서 장악하겠다는 의도에서 만들어진 법이다. 모든 사립학교는 총독의 인가를 받도록 하는 인가 제도를 통해 자격이 되지 않는 학교들을 정비했다. 실제로 1910년 2월까지 설립되었던 기독계 학교는 장로교 501개교, 감리교 158개교 등 총 796개교였다. 또한 1905-1910년 사이에 존재했던 근대 사학기관 수는 5천여 개에 달했다. 공주의 영명학교도 이 중 하나에 속했다.

인가 조건에는 학교 시설과 교원 확보 등에 관한 기준을 강화해서 웬만해서는 사립학교를 유지하거나 새로 세우기 어렵게 만들었다. 사립학교의 설립은 물론 설립자를 바꿀 때조차 조선 총독에게 인가를 받도록 했으며, 교장이나 교사를 바꿀 때에도 도장관(도지사)에게 인가를 받도록 하는 등 엄격한 통제 수단을 확립했던 것이다.

공주의 영명학교도 인가 등록을 하지 못한 많은 학교 중 하나였다. 사립학교규칙에 의한 인가에 필요한 만큼의 장비와 선생님들을 모실 만큼의 학교 재정을 미국의 선교회로부터 지원받지 못했던 것이다. 윌리엄스 선교사는 공주의 초등학교 유지를 강력히 희망했으나 그리스도인들조차도 자녀들을 미인가 학교에 보내기를 꺼렸다.

정부 기관에 근무하는 한 아버지는 아들을 한 학기 동안 영명학교에 보내고 공식 인가를 받는지 기다리다가 결국 서울에 있는 같은 계열인 배재학당으로 보냈다. 그는 배재학당을 졸업한 후에 서울의 기독교 연합대학(1915년 3월 미국 북장로회, 미국 남·북감리회, 캐나다 장로회가 연합해서 서울에 설립했으며, 1915년 4월 12일 조선기독대학[Chosen Christian College]으로 창립되어, 1917년 4월 연희 전문학교[연세대학교의 전신]로 인가받았다)에서 2년을 공부하고 나서 공무원 시험에 응시했으나, 인가받지 않은 학교 출신임이 문제가 되어 응시조차 허락되지 않았다.

이 사건은 영명학교에 커다란 반향을 일으켜, 이후에는 학생들이 더 들어오지 않았고, 따라서 수업료 징수액도 줄게 되어 상황은 매우 악화되었다. 선생님들과 학교위원회 위원들은 인가를 받지 않을 경우 학생이 없어질 것을 염려해, 각 교회들의 관심을 유도하고 인가 등록에 필요한 운영 자금 모금에 많은 노력을 기울였으나 역부족이었다. 1918년 10월 28일자 편지에서 2년 전에 학교 문을 닫았다고 표현되어 있는 것으로 보아, 1916년에 초등학교는 문을 닫고 이후에는 고등보통학교만 운영했던 것으로 판단된다.

또한, 일제는 교과 과정에도 관여해서 기독교 학교 특성에 따라 특별히 교육하던 성경, 지리, 역사와 같은 과목들을 별도로 가르치지 못하게 했다. 이는 그동안 이런 과목을 통해 민족의식을 불어넣어 주었기 때문이다. 사립학교규칙이 공포된 이후 가장 큰 불만은 성경을 가르칠 수 없게 된 것이다. 정해진 교과목 이외에는 가르치지 말라는 항목으로 인해 성경은 금지되는 과목이 되었다.

윌리엄스 선교사는 1916년 8월 24일 편지에서 인구가 100만 명인 이 지역의 하나밖에 없는 고등보통학교를 반드시 유지해야 하는데, 100명 정원의 고등보통학교를 인가받기 위한 사전 점검 결과 성경 공부를 뺀다면 바로 인가받을 수 있다는 사실을 알게 되었다고 쓰고 있다. 그는 성경 공부 과목은 수업이 끝난 후에 이루어져도 된다고 생각하고, 정부에서 요구하는 연간 예산 5천 엔의 조달 계획을 다음과 같이 쓰고 있다.

100명 학생들 수업료	600엔
다른 지역적 재원	300엔
실험실 기부에 대한 관심	100엔
선교회 재원	4,000엔
총 금액	**5,000엔**

윌리엄스 선교사는 학교의 열 번째 생일인 10월 15일까지 한국인들이 모금 캠페인을 벌여 1천 엔의 기부금을 마련할 것이며, 아마도 이 지역 그리스도인들은 적어도 10엔 정도의 기부금을 낼 것으로 기대했다. 문제는 선교회 본부로부터 연간 4천 엔의 지원을 받아야 하는 일인데, 현재 1천 엔을 받고 있는 상황에서 어떻게 네

배의 지원금을 받을 수 있는지를 묻고 있다. 그야말로 선교회 지원 예산의 대폭 인상을 요청하면서, 만일 예산이 인상된다면 현재 약 60명의 학생들에게 필요한 추가적인 장비를 구매하고 좋은 선생님을 추가 고용하는 데 쓸 것을 전하고 있다. 이처럼 공주 영명학교의 운영 예산 상황이 정부에서 요구하는 연간 운영 예산 5천 엔의 조건에 반도 미치지 못하는 턱없는 상황이어서, 성경 공부 과목만 빼면 바로 인가받을 수 있다는 앞의 내용이 매우 공허하게 느껴진다.

상식적으로 어떤 기관이든 예산을 갑자기 네 배로 늘린다는 것은 불가능하며, 그러한 내용을 뻔히 알고 있는 사람으로서 갑자기 네 배의 예산을 요구하기란 이 또한 쉽지 않다. 그럼에도 불구하고 윌리엄스 선교사는 네 배의 예산을 요구하는 편지를 보내며 어디에 쓸 것인가를 밝히고 있다. 또한 선교회에서 공주의 학교를 지교로 삼아 2천 달러(4천 엔)의 예산을 매년 지원해 줄 수 있는 덴버대학교와 같은 미국의 학교를 찾아 줄 수 있는지 나름의 방안을 제시하고 있다.

그해 개교기념일 다음 날인 1916년 10월 16일자 '10주년 기념행사'라는 제목의 편지에서는 1912년부터 고등보통학교의 완전한 조직을 갖추어 학교의 수준은 계속 올라가고 있으며, 성경을 추가로 가르치는 것 이외에는 정부에서 설립한 고등보통학교의 수업과 똑같다고 쓰고 있어 일제에 의해 공포된 개정사립학교규칙을 준수하고 있었음을 알 수 있다. 일제의 사립학교 규제에 대한 당시 감리교회와 장로교회의 대응이 달랐는데, 감리교회는 어쩔 수 없다는 현실론이 우세해 인가받는 쪽을 택한 반면, 장로교회는 성경을 가르치지 못하는 학교는 선교에 무의미하다는 회의론에 싸여 불이익을 감수하더라도 인가를 포기하는 입장을 취했다.

공주 영명학교의 10주년 기념행사에서 밝힌 학생 통계는, 지난 6년간 100명 이상의 소년들이 이 학교에서 공부해 33명이 졸업했으며, 매년 10-30명의 학생들이 입학해 열심히 일하고 돈을 받으며 공부하고 있고, 학교의 1년 예산은 1,400엔이며, 그중에는 50명의 소년들로부터 받은 수업료 275엔이 포함되어 있다고 밝히고 있다. 이 내용으로 볼 때, 학생 한 명의 수업료는 연간 5.5엔이었음을 알 수 있다. 1919년 서울 단성사 극장의 특등석 다음 1등석의 입장료가 1원이었다 하니, 극장 대여섯 번 가는 정도의 비용이 1년 수업료였던 셈이다.

개교 10주년 기념행사에는 500여 명의 지역 주민들과 졸업생 및 재학생들이 참여했으며, 당시 일본인 부지사도 참여해서 성대하게 치러졌는데, 기념식 마지막에 일본 황제를 위한 만세 삼창을 했다고 적고 있다. 그야말로 나라 잃은 설움을 억지로 참고 외쳤으리라 생각된다.

이 행사에서는 학생과 지역 교회, 졸업생, 충남도내 교회들, 공주

주민들로부터 1,416엔의 후원금이 약정액까지 합해서 모금되었다. 윌리엄스 선교사는 이 외에도 실험실 확충을 위해 필요한 기부금 3천 엔 중에서 2천 엔을 한국인과 일본인 그리고 그리스도인 친구들에게 요청했다고 밝히고 있다. 1921년 물가 지표를 보면 대졸 첫 월급이 50엔이었으니 40개월 치 월급에 해당하는 기부금을 요구하고 있는 것이다. 오늘날 한국의 대졸 중소기업 신입 평균 월급 250만 원을 기준으로 환산하면 약 1억 원의 기부금을 요구한 것이다.

또한 편지 말미에는 미국에 있는 친구들의 가슴에 하나님이 함께하셔서 실험실 장비 재원을 마련할 수 있는 600달러의 후원금이 보내질 수 있도록 기도해 줄 것을 요청했다. 그야말로 학교에 필요한 예산을 확보하기 위해 주변 모든 사람들에게 주저하지 않고 부탁하는 열정을 느낄 수 있다. 부탁도 그냥 지나가는 말로 어렴풋이 하는 게 아니라, 필요한 구체적인 액수와 사용처까지 밝혀 가며 하나님이 감동을 주시도록 요청한 것이다.

이 편지는 1916년 당시 충남도민 100만 명 중에서 4,700명의 어린이들이 공립학교에, 그보다 두 배 정도 되는 8천여 명의 소년들이 한문을 배우는 글방에 다니고 있었으며, 고등보통학교는 공주의 영명학교가 유일함을 밝히고 있다. 당시 공주는 오늘날 대전시와 세종시 지역까지를 포함하는 충청남도의 도청 소재지가 있던 곳으로서, 전국적으로 10대 도시에 해당하는 곳이었음에도 불구하고 일제는 고등보통학교를 세우지 않았었다.

1918년 10월 28일자 편지에서도 올해 학교를 인가, 등록하기 위해서는 선교회 자금으로만 최소 2천 달러가 필요하며, 가까운 미래에 적정한 건물과 장비들을 보유할 수 있다는 사실을 정부에 확인시켜 준다면 현재 쓰고 있는 건물로 향후 2년 정도는 받아들여질 것이라는 기대를 표현하고 있다. 그야말로 학교 인가를 위해 안간힘을 쓰며 지혜를 짜내고 있는 장면이 상상된다. 그는 선교 가능한 학교가 살아남을 수 있는 마지막 기회이며, 다른 조치가 취해지지 않으면 연말에 학교 문을 닫을 수밖에 없다고 호소하고 있다.

선교사들이 세운 학교가 문을 닫는다는 이야기는 선교사들에게는 더 이상 선교 활동을 할 수 없다는 의미였다. 일제 총독부에서는 이곳에 고등보통학교를 만들 계획도 없고 다시 개교를 허락하지도 않을 것임을 윌리엄스 선교사는 직감하고 있었다. 일제 총독부 측에서는 민족정신을 일깨우고 농촌 계몽 교육을 실시하는 선교사 중심의 학교들이 눈엣가시였기 때문이다.

윌리엄스 선교사의 영명학당 설립 이념은 다음과 같다.

첫째, 하나님을 경외하는 신앙인을 기른다.
둘째, 나라와 겨레를 위하여 몸 바치는 애국자를 기른다.
셋째, 풍부한 지식과 교양을 가진 교양인을 기른다.

넷째, 자립적으로 현실을 개척할 수 있는 기능인을 기른다.

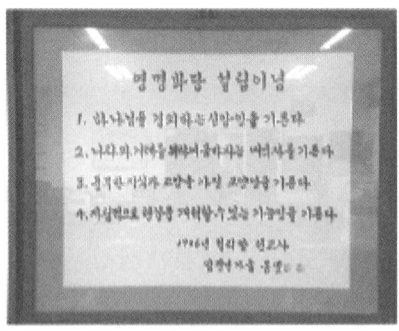

일제 총독부의 서슬 퍼런 감시망 속에서 학교 설립 이념에 '나라와 겨레를 위하여 몸 바치는 애국자를 기른다'는 내용이 들어 있는 점은 일본 입장에서 외교적인 신경을 쓸 수밖에 없는 미국 선교사가 교장으로 있는 학교가 아니라면 불가능했을 것이다. 이러한 점에서 일본 경찰의 요주의 감시 대상 학교였음은 틀림없는 사실이었다. 그러한 학교가 문을 닫는 사건은 일제에게는 기쁜 소식이었으며, 1915년 공포한 개정사립학교규칙의 결실을 맺는 일이었다.

그러나 윌리엄스 선교사는 믿음을 가지고 끈질기게 선교 본부에 후원을 요청하는 편지를 써 보냈다. 그리고 학교 문을 닫고 선교 활동을 중단할 수밖에 없다는 선교 현장으로부터의 절박한 편지에 대해 뉴욕 선교 본부는 복음과 같은 희망적인 답신을 1918년

12월 4일자 편지로 윌리엄스 선교사에게 알려 왔다. 할렐루야! 공주의 고등보통학교의 필요성과 지속 가능성에 대한 중요성을 미국 내 관련 단체들에게 알리고, 또한 미국 감리교 해외 선교 100주년을 기념하는 '100주년기념사업회'로부터 좋은 약속이 있었다고 알려 온 것이다. 윌리엄스 교장이 몇 년 전부터 요청했던 2천 달러 인상된 추가 지원금과 학교를 위한 특수 지원금이 책정된 것이었다. 이때 책정된 특수 지원금은 미국 감리교 해외 선교 100주년 기념사업으로 공주 학교에 2만 5천 달러를 책정하고 3층 규모의 벽돌 건물을 건축하는 프로젝트였다.

Bishop Welch Laying the Corner-Stone of the New High School at Kongju, Korea
This is the only school of high school grade among a million people in Korea, and is an outstanding Centenary achievement.

▶ 미국 감리교 해외 선교 100주년 기념사업으로 건축된 공주 고등보통학교 건물에 웰치 감독이 건축 연대가 음각된 모퉁이 돌을 놓고 있다. 사진 아래 설명에는 이 학교가 인구 100만 명이 사는 충남 지역의 유일한 고등학교이고, 100주년 기념사업의 큰 성과라고 기술하고 있다. 사진 오른쪽에는 손 글씨로 'Christian Advocate 1921.11.24.'라고 적혀 있다(사진: 영명중·고등학교).

▶ 미국 감리교 해외 선교 100주년 기념사업으로 1921년 완공된 공주 영명학교 건물(사진: 영명중·고등학교).

1920년대 1엔의 가치가 오늘날 약 5만 원으로 환산된다는 자료에 따르면, 2만 5천 달러는 최소 25억 원에 해당하는 큰 금액이다. 선교사 파송에 있어서 숫자적으로 미국 다음가는 세계 제2의 선교 대국이 된 한국의 입장에서도 100년이 지난 지금 현재 선교지 지방의 한 도시에 25억 원을 지원해서 고등학교를 건축하기란 쉬운 일이 아니다.

"선한 일을 하다가 낙심하지 맙시다. 포기하지 않으면 때가 이르면 거두게 될 것입니다"(갈 6:9, 우리말 성경).

윌리엄스 선교사의 끈질긴 기도와 요청, 구체적인 설득 편지가 아니었다면 불가능했을 것이다. 믿는 사람들의 특권인 기도, 공주 선교 기지에 있는 선교사들은 물론 학생, 학부모 및 지역의 교회에서 학교가 문 닫지 않고 계속 유지되기를 위해 얼마나 많은 기도를 했을지 미루어 짐작할 수 있다. 지금도 그 기도 소리가 귓전에 들리는 듯하다.

"믿음은 바라는 것들의 실상이요 보이지 않는 것들의 증거니"(히 11:1).

이 성경 구절이 그대로 이루어진 것이다. 윌리엄스 선교사는 학교 건립 문제를 놓고 10년 전부터 기도하던 터였다. 그는 불모의 선교지에서 하루 한 달 견디기도 어려운 상황에서 "10년 내지 15년 후의 미래에 이루어질 희망을 보고 기도해 왔다"고 1919년 7월 26일자 편지에서 쓰고 있다. 바라는 것들의 실제 모습을 놓고 10년, 15년 전부터 믿고 기도해 온 것이다.

모세는 출애굽 이후 가나안에 들어가기 전 열두 명의 정탐꾼을 가나안 땅에 몰래 들여보냈다. 정탐을 성공적으로 마치고 돌아온 그들 중에서 대다수인 열 명은 가나안 땅의 현실을 사실대로 보고하면서 스스로 메뚜기라고 표현했는가 하면, 여호수아와 갈렙은 곧 올라가서 그 땅을 취하자며 현실이 아닌 미래의 희망을 보고했다. 세상적인 시각으로 본다면 대다수가 말하는 내용에 따라야 했겠지만, 지도자 모세는 다수결의 논리가 아닌, 비록 소수일지라도 하나님의 관점에서 희망을 보고한 여호수아와 갈렙의 의견대로 이스라엘 백성을 인도했다.

윌리엄스 선교사도 마찬가지였다. 온통 부족하고 불가능한 현실에도 불구하고 10년, 15년 후에 이루어질 모습을 상상하며 믿음의 기도와 인내로써 선교 사역을 지탱해 온 것이다.

12.
눈물 어린 선교 현장
- 가난한 과부의 두 렙돈

한 소도시의 진료소로 파송된 우리 여 선교사 한 분이 기도 중이었다. 그 작은 진료소조차 따뜻하게 해 줄 석탄이 충분하지 못했다. 석탄 살 돈이 없었기 때문이다. 한국인 교구 감독이 진료소 일을 위해 사람들로부터 21달러의 헌금을 모아 왔는데, 의심할 여지없이 여 선교사와 진료소 사람들에게 하나님이 보내신 것이다!

하나님은 이곳 사람들에게 많은 메신저들을 보내셨다. 한국인 감독과 미국 여 선교사는 지난 가을에 '새로운 여성의 집'과 '한국 교회의 해외 선교회' 건립을 구상하고 있었다. 어느 일요일 늦은 오후에 그들은 한 작은 마을에 도달했다. 길은 산비탈을 향해 있었고, 오랫동안 걸은 터라 그들은 그곳에서 쉬기로 했다. 그들은 지난 몇 년간 추수를 앞둔 누렇게 익은 벼가 황금빛으로 파도치던 논을 둘러보았다. 지금은 많은 곳들이 황량하며, 지붕에 이을 짚, 그리고 가족들이 먹을 식량조차 없었다. 가뭄과 홍수로 인해 적막감이 맴도는 이곳을 보았을 때, 그들은 이곳에서 새로운 선교회를 조직하는 일에 대해 언급하는 것이 무의미함을 공감했다. 교인들에게는 그 일에 대해 말하고 좀 더 풍족한 시기에 시작하는 편이 나을 것 같았다.

그러나 그렇지 않았다. 그곳 여자들은 아무것도 가지고 있지 않았고 아무것도 할 것이 없어 보였지만, 그들은 합심해서 만주와 인도에서 지내는 그들의 자매들을 도와야만 했다. 심지어 식량이 부족할 때에도 그들의 선교비는 정기적으로 지급되었다.

그곳 사람들은 인근에 그들의 아들들을 위한 초등학교 설립이 필요하다고 여겼다. 그들은 수확해서 다 지불할 생각으로 2년 전 300달러에 꽤 좋은 큰 집을 구입했다. 그러나 흉년으로 인해 겨우 100달러만을 모을 수 있었다. 이에 안타까움을 느낀 한 친구가 그 보배 같은 학교를 지키기 위해 100달러를 기부했고, 그 선행에 힘입어 대부분 그리스도인이 아닌 동네 주민 학부형들도 잔액 100달러를 이번 년도 쌀 수확이 끝나면 주겠다고 약속했다.

또 다른 지역의 마을에는 남자들은 거의 없고 가난한 과부들이 많았는데, 하루에 한 끼 식사만 하고 살면서도 그들의 빈궁한 쌀통에서 쌀 한 수저씩 헌미해서 교회가 스스로 설 수 있게 했다. 그 결과 오늘날 미국 교인들이 기대치만큼 지원하지 못해도 이곳의 자립하는 교회는 늘어 가고 있다.

서울, 한국

▶ 1925년 10월, 웰치 감독은 미국의 감리교회 출판물인 〈그리스도 신문〉에 위와 같은 내용의 글을 싣고 있다.

이 기사는 미국 북감리회에서 한국 선교지에 파송된 허버트 웰치 감독이 1925년 당시까지 있었던 여러 선교 현장의 상황을 모아서 원고를 작성한 것으로 보인다.

태어난 아이의 절반이 죽어 나가던 조선 사회에 서울과 평양에는 현대 서양 의술에 기초한 병원을 세워 운영하고, 지방의 작은 도시에는 병원 급이 아닌 진료소를 차려 놓고 의료 선교사나 간호사가 순회 근무를 하곤 했다. 이 작은 진료소를 따뜻하게 할 석탄조차 살 돈이 없는 지방 소도시의 진료소에 21달러의 헌금을 모아 온 감독 목사 일행을 하나님이 보낸 사람으로 표현하고 있다. 이곳으로 파송된 여 선교사의 기도가 응답된 것이었기 때문이다.

기사 내용 중에 한국 교회의 해외 선교회 설립을 논의한다는 내용이 눈길을 끈다. 당시는 다른 산업이라고는 없고 단지 농업이 주를 이루던 시대인데, 농사가 흉년이 들면 가을을 지나 그해 겨울과 이듬해 보리가 나올 때까지는 정말 대책이 없는 가난한 형편이 되게 마련이었다. 흉년이 들어 먹을 것이 없는 농촌 현실에서 다른 나라의 복음 전도를 위해 해외 선교회를 조직하자는 말이 안 나와 망설이는 선교사들이었다. 그러나 그들은 아무것도 가진 것 없어 아무것도 할 것 없어 보이는 농촌의 여인들이 오히려 선교비를 걷어 만주와 인도에 파송된 여 선교사들을 돕는, 먼저 그의 나라와 그의 의를 구하는 현장을 목격한 것이다.

오죽하면 하루에 한 끼 식사로 연명한다고 표현했을까. 오늘을 사는 우리는 이해하기 힘든 상황이다. 그러한 형편에서 남편도 없는 가난한 과부들이 가난한 쌀독에서 기도함으로 식구별로 쌀 한 숟가락씩을 헌미(獻米)해 교회를 이어 가며 자립 교회를 세우고 있다는 미국인 감독 목사의 글에 눈물을 쏟을 수밖에 없다.

"또 어떤 가난한 과부가 두 렙돈 넣는 것을 보시고 이르시되 내가 참으로 너희에게 말하노니 이 가난한 과부가 다른 모든 사람보다 많이 넣었도다 저들은 그 풍족한 중에서 헌금을 넣었거니와 이 과부는 그 가난한 중에서 자기가 가지고 있는 생활비 전부를 넣었느니라 하시니라"
(눅 21:2-4).

예수님 생애의 마지막 7일 중 화요일에 예루살렘 성전에서 가르치고 계실 때의 일이다. 가난한 과부의 두 렙돈이 드려졌다. 오늘날로 치면 500원짜리 동전 두 개 정도를

▶ 경북 안동시 수동교회에 전시된 성미 봉투(사진: (사)경북기록문화연구원).

넣은 셈이라는 계산이 나온다. 예수님은 이 가난한 과부가 드린 헌금이 다른 모든 사람이 드린 헌금보다 많다고 하셨다. 예수님은 헌금의 절대적 액수보다 어떤 상황에서 어떤 마음으로 드렸는가를 보신 것이다. 동전 두 닢에 담겨 있는 가난한 과부의 삶의 무게와 그 눈물을 보셨고, 죽으면 죽으리라는 믿음의 결단을 보신 것이다.

누가복음 21장과 마가복음 12장에 나오는 가난한 과부의 헌금

이야기가 1920년대 우리나라의 어느 한 가난한 농촌 마을에서 그대로 전개되고 있었다. 남편도 없이 끼니를 잇지 못하는 형편에도 먼저 그의 나라와 의를 구하는 일을 실천한 것이다.

Dear Dr. Burton:

You will no doubt be glad to note that we have a new reinforcement in our field. On night the boy came to us Sunday 7th. Boy and mother are getting along fine and are quite strong. Both are having the very best of care and we hope that all will be well. We have dedicated the little one to the Lord and this work where ever or whatever it may be.

I received both bills of exchange and am very much obliged.

Yours in this work,
Frank E.C. Williams

Box 30 Chemulpo, Korea.

P.S. The boys name is George Fur.

바울은 우리로 하여금 주님을 위한 사역을 하다가 장벽을 만나더라도 낙심하지 말라고 권면한다. 무슨 일을 만나든지 예수님이 인도하신다는 믿음을 가지고 나의 갈 길을 묵묵하게 걷는 것이 믿음이기 때문이다.

제3부

사람을 살리고 키우는 선교

너희가 세상 재물을 취급하는 데
성실하지 못하다면
누가 하늘의 참된 재물을 너희에게 맡기겠느냐?

(눅 16:11, 현대인의 성경)

13.
2천 년 전
바울도 조심한 선교비

윌리엄스 선교사의 편지에서 가장 많은 부분을 차지하는 내용은 선교를 위한 재원을 요청하는 것이다. 1달러 몇 십 센트의 작은 돈부터 4만 달러의 거액을 요구하는 내용까지 거의 모든 편지에 돈 이야기가 등장한다. 선교비를 요구하는 편지만 있는 게 아니라 받은 선교비를 어떻게 썼는지 세세하게 보고하는 편지도 있으며, 미국에 유학 보낸 제자의 기숙사비와 학비 등을 조달하기 위해 후원을 부탁하는 내용도 많다.

처음 편지를 읽었을 때는 선교사가 보내는 선교 보고 편지에 믿음과 영성에 관한 이야기보다 돈에 대한 이야기가 훨씬 많아서 조금 의아해했던 것도 사실이다. 그러나 따지고 보면 돈 없이 어떻게 교회를 지으며 학교를 운영할 수 있겠는가? 윌리엄스 선교사는 학교 운영뿐만 아니라 충남의 각 지역을 순회하며 전도했고, 열악한 시골 환경 밑에서 믿음 생활하는 이들을 위한 교회 건축을 위해 노력했기에, 이 과정에서 재원의 필요는 일상의 일이 되었다.

학교 종 이야기

한국인이 좋아하는 소리 100선 중에서 1위는 단연코 학교 종소리다. 초등학교 6년, 중학교 3년과 고등학교 3년을 합해서 12년 동안 매 수업 시간의 시작과 끝을 알리는 종소리를 들어 왔기 때문이리라. 여기서 말하는 학교 종은 그야말로 "학교 종이 땡땡땡, 어서 모이자. 선생님이 우리를 기다리신다"로 불리는 온 국민이 다 아는 〈학교종〉 노래가 나오기도 전의 학교 종 이야기다.

한국인이 애국가 다음으로 많이 부르는 노래인 〈학교종〉 동요는 일제로부터 해방된 뒤 우리 정부의 요청으로 초등학교 1학년 음악 교과서 제작에 참여한 김메리 씨가 '전차 속에서 초등학교 어린이들의 입학식 날 정경을 떠올리면서 작사·작곡했다'고 회고했다. 〈학교종〉의 작사·작곡자인 김메리 씨는 1904년 서울에서 태어나 미국선교학교와 이화여자전문학교를 졸업하고 나중에는 미시간 대학에서 음악학 석사 과정을 마친 뒤 미국 교단에서 음악 이론과 작곡을 가르쳤다. 그녀는 73세의 고령에도 아프리카 라이베리아에서 평화봉사단 단원으로 3년간 선교적인 삶을 살았으며, 미국의 미시간 주와 뉴욕 주 네 곳에 한인 교회를 설립하기도 했다. 선교사들이 지어 준 이름을 가지고 선교사들이 세운 학교에서 공부해 전문가로 활동하다가 선교적인 삶으로 생을 마감한 것이다.

김메리 씨가 태어난 당시의 조선 여성들 중에는 이름도 없이 한평생을 살아가는 여인들이 많았다. 선교사들은 학교에 나오는 여자아이들 중 이름이 없는 아이들에게 주로 성경에 나오는 여성의 이름을 붙여 주었는데, 김메리 이름의 메리도 예수님의 어머니 마리아를 본 따서 붙여 준 이름이었다. 그렇게 이름도 없던 비천한 가문의 여성이 선교사로부터 교육을 받아 온 국민의 애창 동요를 만들어 내고 하나님을 믿으며 선교적 삶을 살다가 하나님 곁으로 간 것이다.

김메리 여사의 〈학교종〉 작사·작곡 시기보다 30여 년 앞선 윌리엄스 선교사의 1917년 9월 26일 편지에는 학교 종과 관련된 이야기가 나온다. 3년 전, 윌리엄스 선교사가 안식년으로 미국에 있을 때, 그는 고향 덴버의 웨인 윌리엄스(Wayne Williams)로부터 공주 학교의 학교 종을 위해 주일학교 소년들로부터 헌금을 받아서 보내

주겠다는 약속을 받았다. 학교로서는 학교 종이 절실했기에, 그는 이 약속을 믿고 다른 돈을 변통해서 먼저 학교 종을 구입했다. 그러나 약속했던 헌금은 오지 않았다. "헌금액이 도착하지 않을 것을 알았더라면 조그마한 핸드벨로 만족했을 텐데"라는 편지 글귀에 가난한 선교사의 한숨이 묻어 있다.

선교사의 월급으로 메우기에는 턱없이 부족했기에, 그는 편지에 종 구입 비용인 35달러를 헌금해 줄 사람을 찾아 줄 것을 요청하고 있다. 이로부터 7년 뒤인 1924년 11월 20일자 편지에 윌리엄스 선교사의 월급이 82달러라는 내용이 나오는데, 7년 전인 1917년의 35달러는 아마도 선교사 월급보다 훨씬 큰 액수였을 것이다.

이 학교 종에 관한 내용은 1919년 3월 18일 편지에 또다시 등장한다. 오토바이와 학교 종을 제공해 준 것에 대해 감사하다는 내용의 편지를 뉴욕 선교 본부 담당자에게 보낸 것으로 보아, 5년 전부터 개인적으로 약속받았던 문제의 그 종 값을 선교 본부로부터 이제야 받은 것으로 보인다. 윌리엄스 선교사는 선교지에서 사역하는 동안 지원받는 항목에 대해서만 지출하려 노력했지만 일을 하다 보면 실제보다 이론이 훨씬 쉽다는 것을 알게 된다고 적고 있다. 즉, 선교 현장에서 사역하다 보면 이론과 실제는 다른 부분이 많다는 것이다.

이 학교 종은 일제의 전쟁 물자 수탈 정책에 의해 공출되었다. 일제는 1930년대에 들어 중일전쟁을 도발해 본격적인 대륙 침략에 나서면서 군수 물자와 식량을 조달하기 위해 1938년 국가총동원법을 실시해 각종 금속류를 공출하게 했는데, 가정에서 쓰던 놋그릇, 놋대야, 문고리는 물론 심지어 학교와 교회의 종까지 수탈해 갔다. 한국의 오래된 많은 종들이 이때 일본의 전쟁 무기를 만드는 데 강제로 빼앗겼다.

'공주 서부와 동부 지역 교육 보고서 1914-1915'

1915년 8월 31일 윌리엄스 선교사에 의해 작성된 '공주 서부와 동부 지역 교육 보고서 1914-1915'에 의하면, 1913년 안식년 기간 동안 미국에서 교회를 돌며 한국에서의 선교에 관한 간증을 통해 헌금을 받아 공주 학교의 부족한 운영 경비와 선생님들의 월급을 충당했다고 적고 있다. 또 헌금액으로 입체 환등기와 미국 풍경 슬라이드, 동식물 슬라이드, 교육용 자료 슬라이드 등을 구매하거나 기증받았으며, 타자기와 오토바이를 선물 받았다고 한다.

  7년의 선교 사역 뒤에 안식년을 갖기는 했지만, 안식이 아니라 부족했던 영성을 위해 덴버대학교의 신학 과정에서 1년간 공부하고, 그 사이사이에 교회에서 설교 및 간증을 하면서 다음 선교 사역을 위한 준비와 헌금 모금에 열과 성을 다하는 모습이다.

일제는 조선을 강제 병합하고 나서 1911년에 사립학교규칙을 발표하고 사립학교 관리감독 강화에 나섰다. 당시의 사립학교들은 대부분 선교사와 민족 지도자들이 세운 학교였기에 일제의 식민 통치에 방해 요소가 되었다. 1910년 당시 인가된 각급 사립학교 총수는 5천여 개였는데 이 중 약 800개 학교가 기독교 계통의 학교였다. 일제는 이러한 사립학교들의 관리감독을 강화해서 사립학교의 설립과 운영을 어렵게 만들어 폐교토록 해 한국인들로 하여금 교육의 기회를 박탈하는 한편, 공립보통학교를 전국적으로 설립해서 사립학교보다 훨씬 좋은 시설과 교사를 확보해 일제의 입맛에 맞는 교육 과정을 운영하며 교육을 장악해 나갔다.

바로 이 즈음의 교육 상황에 대해 윌리엄스 선교사는 정부에서 세운 공립보통학교들은 부족한 시설이 거의 없이 잘 준비되어 있어 선교사들이 운영하는 학교들과 날로 차이가 커지고 있다고 전하고 있다. 공립보통학교에는 3-4명의 선생님들이 배치되어 있지만 윌리엄스 선교사가 운영하는 두 학교에는 단 한 명의 선생님밖에 없었던 것이다. 또한 학교를 정상적으로 운영하기 위해서는 1년에 5천 달러 정도가 필요한데, 1,100달러밖에 없는 상황에서 이 돈을 가지고 공주 서부와 동부 지역, 즉 충청남도 내의 14명의 선생님과 366명의 학생들이 포함된 11개의 학교를 운영했다고 적고 있다.

선교사가 운영하는 공주 고등보통학교는 인구 100만 명의 충청남도에 하나밖에 없는 유일한 고등학교였음에도 건물이 제대로 없어 비어 있는 선교사 사택에서 40-50명을 가르치고 있었다.

이러한 어려운 형편에서도 지난 1년 동안 19명의 소년들이 325달러를 지원받으며 학업을 계속했는데, 이들은 돈을 받기 위해 학교를 다니는 기간 중에 일을 하거나 졸업 후에 갚을 것을 서약한 학생들이었다. 앞으로 한 해 동안 또 18명의 소년들이 이러한 제도의 혜택을 받을 예정인데, 훌륭한 학생들이 아직 10명이나 더 대기자 명단에 있어 이 소년들이 공부할 수 있도록 도와줄 수 있는 사람을 연결해 주도록 뉴욕의 선교 본부에 요청하고 있다. 이들에게는 한 학생당 1년에 15달러씩만 지원하면 된다고 밝히고 있다.

이 보고에는 덴버대학교 학생들이 200달러를 헌금해서 기숙사를 마련했으며, 추가로 200달러를 보내 줄 예정인 바, 이 400달러로 마련한 기숙사에서 20명의 학생들이 살 수 있다고 적고 있다. 기숙사 근처의 작은 땅에는 순무와 배추를 심어 기숙사 학생들의 겨울 김장을 준비했다.

이와 같이 윌리엄스 선교사는 정확한 수치로 구체적인 선교 보고를 하고 있다. 또한 대학생들이 헌금한 돈으로 기숙사까지 마련해서 나름 획기적인 발전을 하고 있는데도 또 다른 10명을 지원할 길이 없어 후원자를 찾아 줄 것을 끈질기게 요구하고 있는 모습이다. 이뿐 아니라, 공주 고등보통학교를 졸업하고 강경포학교 교사를 거쳐 수원의 초등학교에서 가르치고 있는 김근팔 청년을 서울에 있는 기독교 연합대학에 보내서 대학 교육을 받을 수 있도록 누군가 그의 4년 치 학비 300달러를 1년에 75달러씩 지원할 후원자를 요구하는 편지를 또 보낸다.

▶ 초창기 공주 영명학교 기숙사의 칼잠 자는 학생들. 잠자는 학생의 머리맡에 놓인 세 개의 책상과 걸린 옷가지, 호롱불 등이 인상적이다(사진: GCAH, The United Methodist Church).

영명학교 개교 10주년

1916년 8월 24일 편지에는 윌리엄스 선교사가 이 땅에 선교사로 부임한 지 10년 되는 해이며 10월 15일은 학교의 10번째 생일이라 기록하고 있다. 그는 지난 3년 동안 공주 지역의 재정 지원 중단이 있었기에 학교 운영의 어려움을 겪고 있었다. 학교를 제대로 이어 나가자면 1년에 적어도 1만 엔이 필요하며, 고등학교를 위해서는 별도로 5천 엔이 필요한데, 특히 인구 100만 명이 거주하고 있는 공주의 두 구역에는 선교사가 운영하고 있는 고등학교가 유일하기 때문에 반드시 유지해야 하며, 정상적인 학교로 만들겠다는 의지가 강했다.

교육 당국으로부터 100명 규모의 고등보통학교를 인가받는 데 필요한 사항을 점검해 보니 성경 공부를 뺀다면 바로 인가받을 수 있는 상황이라고 쓰고 있다. 성경 공부는 학교가 끝난 방과 후에 이루어져도 되므로 우선 필요한 사항은 연간 학교 운영을 위한 최소 기준인 5천 엔과 한 명의 일급 일본어 선생님을 구하는 일이었다. 윌리엄스 선교사는 바로 대안을 제시하는데, 5천 엔의 재원 마련 방안을 학생들 등록금과 지역의 유력 인사들로부터 1천 엔을 확보하고, 나머지 4천 엔의 주된 재원은 결국 뉴욕 선교 본부로 헌금 지원을 대폭 요구하는 안이었다.

그는 현재 뉴욕 선교 본부로부터 지원받는 연간 1천 엔의 선교비를 어떻게 네 배로 불릴 것인지를 걱정하며, 그 돈의 사용처는 60명의 학생들에게 필요한 장비와 좋은 선생님을 초빙하는 데 쓰일 것이라고 밝히고 있다. 그야말로 "떡 줄 사람은 생각도 안 하는데 김칫국부터 마시는 격"의 우리 속담을 그대로 편지에 적어 놓고 있었다. 그러면서 뉴욕 선교 본부에서 공주의 학교를 부속 학교로 삼아 1년에 2천 달러, 즉 4천 엔 정도를 지원할 수 있는 덴버대학교와 같은 미국의 학교를 찾을 수 있는지 문의하고 있다. 이것이 바로 '상상 그 이상'을 바라보는 기도하는 사람의 특징이다.

"기록된 바 하나님이 자기를 사랑하는 자들을 위하여 예비하신 모든 것은 눈으로 보지 못하고 귀로 듣지 못하고 사람의 마음으로 생각하지도 못하였다 함과 같으니라"(고전 2:9).

하나님이 사랑하시는 자의 생각과 행동은 자기도 모르는 사이에 눈으로 보지 못하고 귀로 듣지 못하고 사람의 마음으로 생각하지도 못한 예비하신 일을 향하고 있는 것이다. 그러니 기도의 능력을 모르는 보통 사람들의 눈에는 김칫국부터 마시는 것으로 보일 수밖에 없는 것이다.

개교 10주년 기념행사는 경찰 허가를 받아 10월 16일 오후 2시 500여 명의 사람들이 참석한 가운데 일본인 부지사 시부야의 축사를 시작으로 학교 역사 낭독, 미래 계획 및 기부금 현황 등이 보고되었고, 일본 황제를 위한 만세 삼창으로 행사가 끝났다. 축사를 한 일본인 부지사와 혹시 모를 데모와 같은 불상사를 대비해서 경계 중이던 경찰들에게는 일본 황제를 위한 삼창이었으나, 그 자리에 있던 모든 학생들과 학부형 및 조선인 내빈들에게는 대한독립을 염원하는 만세 삼창이었을 것이다.

그날 저녁에는 소년 소녀 합동 뮤지컬 콘서트가 있었다. 100년 전인 1916년이면 이 땅에 있던 몇 안 되는 교회들이 'ㄱ'자 예배당을 지어 남녀의 출입문도 다르게 하고, 예배당 안에는 남자석과 여자석을 따로 두고 그 사이에 휘장을 쳐서 서로 보지도 못하게 해 놓던 시절이었다. 엄연히 남녀칠세부동석 개념이 아직도 강하게 남아 있던 시절에 지방의 소도시 공주, 충청남도에 하나밖에 없는 고등학교에서 소년 소녀 합동 뮤지컬 콘서트가 공연되었다는 사실은 놀라운 사건이다.

공주교회 의자

1930년, 윌리엄스 선교사는 본국에서 안식년을 보내면서 콜로라도 농과대학에 입학해 대학원 과정의 학업을 쌓는 중에 주일에는 주로 인근 도시의 교회들에서 조선 선교 현장에 관한 간증을 이어 가며 선교비 모금에도 많은 노력을 기울였다. 안식년으로 온 지 8개월 만에 윌리엄스 선교사는 한국 선교에 관한 간증을 45번, 그의 아내 앨리스는 25번을 했다고 적고 있다. 학업에 전념하면서도 매주 1-2회의 교회 간증을 한 셈이다.

그들은 특별히 공주에 건축 중이던 교회에 영명학교 남학생 약 100여 명이 앉을 수 있는 의자를 구매하기 위한 500달러의 헌금을 마련하기 위해 그릴리, 윈저, 푸에블로 및 포트콜린스에 있는 교회들을 돌며 각 교회에 헌금을 요청했다. 이에 포트콜린스 교회는 작년의 모금액이었던 4천 달러, 그릴리 교회는 작년보다 500달러 늘어난 4,500달러, 규모가 작은 윈저 교회 사람들은 500달러의 모금액을 선교 본부로 보낼 수 있을 것이며, 각 교회들은 감사와 함께 헌금을 계속할 의지를 보임을 선교 본부에 편지로 전하고 있다.

지금으로부터 80-90년 전의 500달러와 4천 달러는 결코 적은 돈이 아니다. 물론 여기서 언급된 액수가 모두 윌리엄스 선교사의 선교지로 보내지는 것은 아니었다. 헌금이 뉴욕의 선교 본부로 보내

▶ 1930년 윌리엄스 선교사의 편지에 언급되었던 공주교회 모습. 윌리엄스 선교사는 이 교회에 영명학교 남학생 100여 명이 앉을 수 있는 의자를 구입하기 위해 500달러의 선교비를 뉴욕 선교 본부에 요청했다(사진: 문화재청 국가문화유산포털).

지면 그곳에서 전 세계 다른 선교지들로 예산을 분배하는 제도였다. 그러나 어떤 경우에는 사용처를 명시해서 헌금하는 경우도 있었는데, 이러한 경우에는 기존의 배정받은 선교비 위에 사용처가 명시된 헌금을 더해서 선교지로 보내졌다. 윌리엄스 선교사는 이러한 사용처가 명시된 헌금이 있을 경우 기존의 배정되던 헌금을 감액하지 말 것을 선교 본부에 요청하기도 했다. 이러한 편지에 대해 선교회 본부는 새 공주교회의 남학생 의자 마련에 필요한 500달러 기금이 접수되면 지체 없이 사용처에 보내든지, 아니면 윌리엄스 선교사의 별도 전화나 편지가 있을 때까지 선교회에 보관하고 있겠다는 답신을 보낸다.

각 교회를 방문했을 때 윌리엄스 선교사에게 개인적으로 헌금하겠다는 경우도 있었으나, 그는 선교회로 보내는 헌금에 포함시키도록 이야기했다고 편지에서 밝히고 있다. 한 푼이 아쉬운 입장에서 이렇게 처신하기란 쉽지 않았을 텐데, 선교비는 선교 본부를 통해 관리되어야 한다고 생각하고 그 생각을 철저히 실천에 옮긴 것이다.

"우리는 이 거액의 헌금을 다루는 데 있어서 아무에게도 비난을 받지 않으려고 조심하고 있습니다. 이처럼 우리는 주님 앞에서뿐만 아니라 사람 앞에서도 옳은 일을 하려고 노력합니다"(고후 8:20-21, 현대인의 성경).

바울은 예루살렘의 성도들을 위한 헌금을 모았을 때 그것이 그 의도와 목적에 맞게 사용될 수 있도록 최선의 노력을 다해서 관리했음을 보여 준다. 2천 년 전의 바울이나 100년 전의 윌리엄스 선교사가 원칙을 준수하면서 깨끗하게 헌금을 다루어 왔듯이, 오늘의 우리도 교회 헌금을 사용함에 있어 한 점 부끄럼이 없어야 할 것이다.

14.
우유 부엌(milk kitchen)으로
갓난아이들을 살리다

조선은 1876년 문호를 개방한 이래 개화의 물결이 소용돌이치면서 갑신정변(甲申政變)이 일어났다. 갑신정변이 일어났던 1884년, 조선 땅에 최초의 개신교 선교사이자 의사였던 알렌 선교사가 첫발을 내디뎠다. 이어서 1885년에 미국 북장로교의 언더우드 선교사 및 미국 북감리회의 아펜젤러 선교사 일행이 4월 5일 부활절에 제물포항에 입항했다.

이들이 첫발을 내디딘 이후 개신교 선교 100주년이 되는 1984년까지 이 땅을 찾은 선교사는 2,956명에 이른다. 1945년 광복 시기까지만 해도 무려 1,529명의 선교사가 조선을 찾아 하나님의 복음을 전했고, 이와 더불어 근대 교육 시작과 함께 현대 의술을 도입했으며, 남녀평등 사상과 민주 제도 등을 전파했다. 이와 함께 선교사들은 서구에서는 이미 식품의 일부가 된 우유를 구하기 위해 애를 썼을 것으로 짐작된다. 조선에서는 우유나 유제품의 이용이 극히 미미했는데, 아마도 어린 가축의 먹이를 빼앗을 수 없다는 한국 특유의 정서 때문이었을 것이다. 1891년에 조선에 온 제임스 게일(James Gale) 선교사의 《코리언 스케치》(현암사 역간)에는 그의 집 하인이 소를 사서 우유를 짰다고 기술되어 있는데, 물론 그가 샀던 소는 농우였을 것이다.

한편 개항으로 인해 이 땅에 들어와 살게 된 일부 일본인들의 경우 이미 일본에서 서양의 우유 문화를 받아들인 터라 우유를 필요로 하게 되었고, 또한 거주 외국인들에 의한 필요를 위해 일본인과 프랑스인 등이 젖소를 수입해 소량의 우유를 판매했으나, 당시 국내에 만연한 우역에 걸려 젖소가 모두 죽고 말았다는 기록이 있다.

공주 선교 기지에서의 우유 보급 사업은 1923년에 의료 선교사로 내한해 활동한 마렌 보딩 선교사에 의해 처음으로 시행되었다. 보딩 선교사는 미국 감리교회의 여 선교사로서, 1916년 필리핀에 파송되었다가 1923년 한국으로 전임되어 의료 선교에 종사했다. 그는 공주에 유아 진료소를 차리고 전도 부인을 두어 유아 돌보기와 기도회를 가졌다.

Milk Station, Kongju

▶ 전국에서 최초로 시작된 공주 선교 기지의 우유 급식소(milk station)(사진: GCAH, The United Methodist Church).

▶ 충남의 새로운 도청 소재지인 대전에 1939년 설립된 우유 급식소 건물과 그 설계도(사진: GCAH, The United Methodist Church).

1929년에는 사업을 확장해서 공주 선교 기지에 우유 보급소와 간호학교 등을 증설했으며, 충청남도의 새로운 도청 소재지 대전에도 영아관을 설립해 운영했다. 보딩 선교사는 1938년에 본국으로 돌아가 1957년에 소천했으며, 미국 캘리포니아 주 패서디나 시에 있는 아름다운 납골원에 조선의 공주 영명동산에서 함께 사역했던 선배 사역자 앨리스 샤프와 같은 방에 안치되어 있다.

▶ 미국 캘리포니아 주 패서디나 시 Mountain View Mausolum에 있는 납골함의 명판(좌). 공주 선교 기지 영명동산에서 선교 사역을 했던 최초의 선교사 앨리스 샤프(맨 아랫줄)와 마렌 패터슨 보딩(위에서 네 번째 줄), 수원 매향여자학교 교장을 지낸 루시 클락(Lucie Clark)의 이름이 보인다. 원 안의 사진은 마렌 보딩 선교사(우).

보딩 선교사가 한국 공주에서 의료 선교 사역을 시작하던 시기는 한국에 개신교 선교가 시작된 지 38년이 넘은 시기인데도 아이들의 건강 상태는 매우 심각한 상황에 처해 있었다. 〈동아일보〉 1926년 8월 24일자에 보도된 1921년부터 1925년까지의 서울의

5세 미만 사망률을 보면 조선인의 경우 49.6퍼센트에 달하고 있다. 서울에서 5세 이하 아이들의 사망률이 50퍼센트라면, 지방과 시골은 두말할 나위 없이 60퍼센트를 넘었을 터였다. 아이들의 주된 사망 원인은 먹지 못해 생기는 영양 결핍에서 비롯된 것이었다.

보딩 선교사는 1923년에 공주에 파송되어 진료소 일과 더불어 부녀자와 어린이를 위한 방문 진료 과정에서 아이들의 건강 상태가 심각한 수준에 있는 것을 알고 특별한 지원 조직도 없이 개인적으로 유아 복지 사업을 시작했다. 보딩 선교사는 '세 살 이하의 아이에게 하루에 1-2병의 우유를 먹일 수 있다면 그들을 질병으로부터 보호할 수 있을 것'이라며 우유 급식을 위해 우유병과 꼭지를 소독할 수 있는 우유 부엌 설치를 놓고 간호사와 전도 부인들과 함께 특별 기도회를 시작했다. 이때 그들이 붙잡고 의지하며 기도했던 말씀은 마태복음 18장 19절이다.

"진실로 다시 너희에게 이르노니 너희 중의 두 사람이 땅에서 합심하여 무엇이든지 구하면 하늘에 계신 내 아버지께서 그들을 위하여 이루게 하시리라"(마 18:19).

무엇이든지 땅에서 매면 하늘에서도 매일 것이요, 무엇이든지 땅에서 풀면 하늘에서도 풀겠다고 약속하신 예수님의 말씀을 붙들고 보딩 선교사와 전도 부인들은 간절하게 기도했다. 보딩 선교사와 간호사 및 전도 부인들의 우유 부엌을 위한 특별 기도회 이야기가 미국 감리회 여선교회(W.F.M.S.)에 전해지고 몇 달 후, 미국의 어느 노신사가 건물을 위해 기부를 약속했다는 반가운 소식이 전해졌다. 보딩 선교사는 그때의 감격을 "그날 기도회는 감사 기도회로 바뀌었다. 믿음을 가지고 기도하면 반드시 응답된다는 것을 알았다"고 고백했다. 1925년부터 우유 부엌으로 사용하던 기존 건물을 증축하는 방식으로 1926년 6월, 공주 지역 최초의 우유 보급소인 '밀크 스테이션'이 설립되었다. 이미 1년 전부터 공주에서 국내 아이들에게 우유 급식을 하고 있었지만 이제는 별도 건물로 개설된 '밀크 스테이션'을 통해 우유 급식을 할 수 있게 되었다.

이 우유 보급 사업 이후 공주의 유아 사망률은 5퍼센트로 낮아졌다는 내용을 보딩 선교사는 1927년 연회 보고서에 실었다. 어림잡아도 신생아의 2분의 1에 해당하는 죽을 아이를 살린 셈이다. 다시 말하면, 공주에서 출생한 아이의 2분의 1은 보딩 선교사의 우유 급식 사업으로 죽을 목숨이 살아난 것이다. 당시 공주 지역 감리사 아멘트 선교사는 "1924년 마렌 보딩이 공주에서 시작한 유아 복지 사업은 한국에서 이 방면으로 출발한 최초의 시도 중 하나다. 1925년에 시작된 우유 보급소는 국내에서 최초인 것으로 이름이 나 있다"라고 소개하고 있다.

공주 선교 기지에서 시작된 우유 급식 사업은 다른 지역으로 확대되어 1927년에는 평양에, 1928년에는 서울 태화복지관에 급식소가 설치되었으며, 해주와 제물포 지역에서도 시행되었다. 그리고 이 사업은 1932년 충남도청이 공주에서 대전으로 옮겨지면서 확장 운영되었다.

보딩 선교사는 이 일을 할 때 늘 복음 전파를 염두에 두었다. '어린 아이들이 내게 오는 것을 금하지 말라'고 말씀하셨던 주님의 모습을 그리며 사역에 임했다. 그녀의 바람은 '가난한 사람들을 도와 모든 사람들이 그리스도에게 영광을 돌릴 수 있도록' 하는 것이었다.

다음은 보딩 선교사가 우유 부엌 사업을 진행하면서 가장 가슴이 아팠던 때의 말이다.

"내 마음이 가장 편치 않았을 때는, 엄마들에게 돈을 내지 못하면 우유를 먹이기 어렵다고 말했던 순간이다. 그러나 그때 다시 하나님은 놀랍게도 우리의 필요를 채워 주셨다. 그분은 친구들을 통해서 그것을 이루셨다. 친구들은 가난한 아이들을 입양해서 먹였다. 그 아이들은 필요할 때마다 언제든지 풍족한 음식물을 먹는다."

미국에 있는 사람들이 한국 아이들과 한 명씩 입양 결연해서 비용을 대 주었던 것이다. 지방 경찰서와 고위 관리들의 후원도 있었다. 아이의 부모들은 우유 비용의 3분의 1만 지불하면 되었고 나머지 3분의 2는 무료였다. 이러한 우유 부엌 사업은 유아 사망률을 낮추는 데 크게 기여했을 뿐만 아니라, 복음 전도에도 중요한 통로 역할을 했음은 물론이다.

1932년 7월과 11월 10일에 뉴욕 선교 본부로 보낸 윌리엄스 선교사의 편지를 보면, 영명학교 학생들에게 여러 가축 사육을 교육시키며, 특히 우유 생산에 관해 새로운 내용을 교육하고 있다고 언급하고 있다. 또한 학생들에게 상품 판매 교육을 시키면서 실제로 상품을 판매하도록 해 그 수익금을 해당 학생의 수업료와 생활비로 사용하도록 하는 제도를 운영했다고 적고 있다. 이러한 사업을 통해서 기름 판매 수익 150엔, 견과류 판매 수익 150엔 및 우유 판매 수익 150-200엔을 저축했다고 전하고 있어 공주 선교 기지에서도 우유 급식 사업이 이루어지고 있었음을 증명하고 있다.

또한 1933년 9월에 보낸 편지에서는 공주 영명학교의 재산 목록을 열거하고 있는데, 그중에 '젖소 3마리, 수소 3마리, 염소 6마리, 토끼, 닭, 돼지, 양봉' 등 1,800엔의 동물 자산이 포함되어 있다. 여기에 적힌 젖소 3마리는 학생들에게 우유 생산 및 처리 과정에 관한 교육은 물론 거기에서 생산된 우유를 보딩 선교사의 우유 급식 사업 및 학생들의 판매 실습에도 활용했다.

가끔 강연이나 설교 요청을 받아서 가는 경우 보딩 선교사의 우유 부엌 사연을 전하면서 충남 공주 인근 출신이 있는지를 묻곤 한다. 왜냐하면 출생아의 반이 죽던 시기에 보딩 선교사의 우유 덕분에 살아난 부모를 두었을 가능성이 있기 때문이다.

보딩 선교사가 공주에서 시행했던 국내 최초의 우유 급식 사업은 그 효과가 입증되어 이후 평양, 서울 그리고 해주와 제물포 등 전국으로 확산되었다.

세종에 있는 남양유업 세종공장은 몇 해 전 세종특별자치시가 생겨나기 전까지는 공주시의 땅이었다. 이곳에 우유 공장을 세운 사연이 보딩 선교사의 우유 부엌 사업과 무관하지 않은 것 같다.

15.
성령과 돈 사이

윌리엄스 선교사는 1928년 편지에서 학교의 목공실 운영에 관한 내용을 쓰고 있다. 제대로 된 목공 교사가 있었던 것은 아니지만, 학교 학생들이 직접 길러 온 나무를 잘라 학생들과 함께 판재를 자르고 톱질하고 대패질하며 목공 수업을 진행했다. 3학년 남학생들은 졸업하기 전에 반드시 목공 수업을 듣도록 했는데, 윌리엄스 선교사는 남학생들과 함께 의자와 테이블 및 목재 받침대 등을 6개월에 걸쳐 약 20명의 학생들이 앉을 수 있도록 만들었다. 이들이 만든 제품의 가치는 약 75달러에 해당했는데, 이를 오늘날의 가치로 환산하면 약 200만 원 정도다.

윌리엄스 선교사는 뉴욕 본부에 선교 보고 편지를 보낼 때 친지나 후원자들에게 보내는 편지를 같이 넣어 보내곤 했다. 편지가 뉴욕의 선교 본부에 도착하면 선교 본부에서 해당하는 사람들에게 다시 보내 줄 것을 요청하는 편지 내용이 자주 눈에 띈다. 이렇게 하면 편지 한 통마다 5센트를 절약할 수 있었다. 이는 일상생활에서 절약이 몸에 밴 행동이라 할 수 있겠다.

또한 영명학교에서는 학생들로 하여금 반나절은 공부하고 반나절은 물건 파는 일을 직접 하게 해 학생들이 상업적 안목을 갖게 했다. 그렇게 해서 얻은 수익금은 그 일에 참여한 학생들 앞으로 저축해서 수업료와 기숙사비를 내게 함으로써 돈 없고 가난한 학생들도 자력으로 공부할 수 있는 길을 제공해 주었다.

오늘날 학교에서 이러한 일을 시켰다가는 커다란 문제가 되겠지만, 지금으로부터 90년 전의 상황은 지금과 하늘과 땅만큼이나 달랐다. 나라 전체가 일제의 수탈로 인해 지구상에서 가장 가난한 나라 반열에 들던 때이기에 학교에서 공부를 한다는 것은 특권을 누리는 일과 다름이 없었다. 그런 환경에서 일거리까지 만들어 학비와 기숙사비로 쓸 수 있게 한 영명학교와 선생님들, 그리고 선교사님들은 그야말로 천사 같은 고마운 존재라 할 것이다.

▶ 영명학교 학생들이 쌀가마를 짜고 있는 장면. 학생들은 오전에는 수업을 하고 오후에는 실습을 통해 시장에 팔 수 있는 물건을 만들어 그 비용으로 학비와 기숙사비를 충당했다(사진: GCAH, The United Methodist Church).

    1932년 11월 10일 뉴욕 선교 본부로 보내는 편지에서 윌리엄스 선교사는 기름 판매 잉여금으로 150엔을 저축했고, 견과류 판매로 150엔, 우유 판매를 통해 150-200엔의 수익을 얻었다고 적고 있다. 여기에서 기름이란 윌리엄스 선교사가 미국의 텍사코(Texaco) 석유 회사로부터 석유를 지원받아 공주 인근 지역에 판매했던 것으로 보인다. 이 당시 화폐 단위는 조선 돈 '원'과 일본 돈 '엔'이 같이 쓰이고 있었는데, 조선 은행에서 발행한 1원은 일본 은행에서 발행한 1엔과 같은 화폐 가치를 가졌었다.

1930년 물가 자료에 의하면 쌀 한 가마에 13원이었으니, 이 편지에 적힌 450-500엔의 수익금은 쌀 35-39가마에 해당되며, 오늘날 쌀값으로 환산하면 약 600만 원에 해당한다. 이와 같이 윌리엄스 선교사의 선교 보고 편지에서는 그동안 해 온 일과 그 결과물에 대한 경제적 가치를 언급하는 내용이 자주 발견되는데, 그가 공주 선교 기지 및 영명학교의 살림을 책임지는 사람으로서 항상 경제적 가치에 대해 생각하고 있었음을 알 수 있다.

또한 윌리엄스 선교사는 해외 선교에 심각한 영향을 미친 1931년 월스트리트 붕괴를 주가를 억지로 끌어올리고 또 끌어올리는 도박의 결과로 기술하는데, 이때 미국의 대규모 교회들이 빚더미 위에 앉게 되는 이유를 설명하면서 미국 사람들이 이를 깨닫기를 소원하고 있다.

한국에서도 많은 교회들이 예배당을 건축하면서 은행 대출을 받아 진행하는 경우가 많다. 전체적인 경기의 흐름과 교회 빚과의 관계를 어떻게 관리해야 할지 눈여겨보아야 할 대목이다. 은행이나 금융 기관들이 온갖 매체를 통해 대출 광고를 하고 있으며, 정부 또한 대출을 안고 집을 사게 하는 정책을 폄으로써 우리 사회 전체가

빚지고 사는 게 정상인 것처럼 느끼고 있는 것이 사실이다.

하나님의 말씀은 빚의 굴레에 대해 반복해서 경고해 왔다. 그 빚의 굴레의 큰 위험 중 하나는 그에 따라오는 이자다. 교회가 그 빚의 굴레 때문에 파산하게 되면 그 여파는 다른 경우보다도 몇 배 더 심각해지기 때문이다.

> "너희가 세상 재물을 취급하는 데 성실하지 못하다면 누가 하늘의 참된 재물을 너희에게 맡기겠느냐?"(눅 16:11, 현대인의 성경)

즉 세상에서 돈 흐름의 원리에도 충실해야 한다는 해석이다. 그러므로 교회가, 교회뿐만 아니라 우리 그리스도인들이, 아니 그리스도인인 내가 먼저 빚으로 인해 곤경을 겪고 세상의 비난을 받는다면 하나님의 영광을 가리는 선봉이 되는 것임을 자각해야 한다.

물질만능의 시대라 불리는 오늘날 돈이면 무엇이든지 다 할 수 있다는 말을 종종 듣기도 하니 돈이 최고의 가치와 최고의 권력이 되었다 해도 과언은 아니다. 돈이 세상을 지배할 뿐만 아니라 심지어 교회까지도 좌지우지하고 있다. 하나님은 돈 많은 것을 잘못이나 죄로 꾸짖지도 않으시고, 또한 가난한 삶을 모범적인 삶이라 가르치지도 않으신다. 우리는 있으면 있는 대로, 없으면 없는 대로, 주신 분도 하나님이요 거두시는 분도 하나님이라는 생각으로 하나님이 나에게 맡겨 놓으신 물질을 하나님 뜻에 맞게 사용하면 되는 것이다. 우리의 직분은 청지기다. 주인의 재산을 맡아 관리하는 청지기는 주인 뜻에 맞도록 주인의 재산을 쓰고 관리하는 직책이다.

설교 중에서 가장 힘든 부분이 헌금에 관한 설교를 할 때라고 보통 말한다. 말씀을 전하는 목사나 듣는 성도나 힘들기는 마찬가지다. 성경은 보물이 있는 곳에 우리 마음이 있다고 말씀한다.

"네 보물 있는 그곳에는 네 마음도 있느니라"(마 6:21).

하나님의 자녀인 구원받은 자들에게는 성령님이 각자의 마음속에 계시니 '네 보물 있는 그곳에는 성령도 있느니라'라고 해도 과언이 아닐 것이다. 일반적으로 마음이 움직여야 후원도 할 수 있듯이, 성령이 움직이셔야 올바른 헌금도 할 수 있는 것이다. 윌리엄스의 선교 사역에서도 성령 다음으로 필요한 것이 돈이었다.

16.
일본 경찰 감독하에 열리는
교단 총회

양 박사님을 오해하지 말아 주세요. 그는 우리 두 개의 감리교가 일찍이 연합했을 때부터 그의 위치로 증명한 연합쪽 사람입니다. 하지만 그는 제대로 된 방법으로 진행되어야 하며 자진하는 사람들과 함께해야 한다고 생각하고 있습니다. 저 역시도 우리 교회 연합을 찬성하고 있지만, 현재의 움직임이 또 하나의 교단 탄생을 가져올 것 같아 보일 뿐입니다.

Please do not misunderstand Dr. Ryang. He is for [u]nion, as proved by his stand when our two Methodist Conferences united in former years. But he thinks that it must be done in

the right way and with the willingness of the people. I, too,
am in favor of a [u]nion of our churches but it seems likely
that the present move will only bring into existence another
church.

Frank E. C. Williams

윌리엄스 선교사는 1945년 11월부터 미군정에서 농업정책 고문관으로 지내면서 1945년 12월 30일 편지로 양주삼 박사로부터 전해들은 한국 교회의 현실을 뉴욕 선교 본부의 디펜도르퍼(Diffendorfer) 박사에게 전하고 있다.

일본 경찰은 1940년 9월 20일부터 300명 이상의 한국인 목사들과 교회 리더들을 체포하고 고문하며 한국 교회에 대한 탄압을 확대했다. 일제는 두 명의 스파이를 목사들에게 붙여 공격했는데, 한 명은 협박하고 탄압하는 사람이고, 또 다른 한 명은 친근하게 다가가 어려움이 있을 때마다 도움을 주는 사람이었다.

그들은 목사들이 사람들에게 영향력 있다는 것을 알고 온갖 속임수를 써서 목사들이 일본을 위해 일하도록 시도했다. 스파이들은 심지어 거짓말을 전하며 목사들 사이를 이간질하기도 해서 서로가 서로를 반일본주의와 친미주의임을 고자질하도록 만들었다. 그래서 하루가 다르게 교회의 영적인 상태가 낮아지고 있었다.

한국인들을 감독과 부감독으로 두고 있는 촉진회의 지원으로 일본인 경찰은 이 상황을 이용했는데, 촉진회의 주된 목적은 한국인 기독교 지도자들의 사상을 조사하고 분류하는 것이었다. 일본에 충성하는 것으로 여겨지는 목사들은 아무도 그들을 반대하지 못하도록 철저히 보호했는데, 이런 방법으로 그들은 목사들이 신자들과 일반 사람들에게 일본 제국에 충성하도록 말하게 만들었다.

양주삼 박사의 말을 전하면 다음과 같다. 먼저 양해를 구하고 싶은 것은, 실명으로 언급된 사람들의 후손 입장에서 불편한 부분이 있을 경우에 한해 가명을 사용했다는 점이다.

한국 감리교회가 한국의 다른 어떤 교파보다 가장 심한 상태입니다. 성결교회나 제칠일안식일교회는 강제적으로 문을 닫았으나, 적어도 그들은 감리교회만큼 오염되지 않았습니다. 한국에 있는 모든 교파들은 신사 참배를 하도록 강요당했고, 전쟁 자금과 그 밖에 많은 것을 만들어 내도록 강요당했습니다. 감리교회는 일본군 본부가 비행기를 살 수 있도록 60개가 넘는 교회들과 목사관이 팔렸으며, 일본의 황민화 정책에 참여를 거부한 70명 정도의 목사들이 해고되었으며, 초기 감리교회인 서울의 상동교회도 신사로 바뀌었습니다. 이것은 한국기독교교회 역사상 정말 가장 충격적인 행동이자 어두운 모습이었습니다.

지금까지의 신사는 모든 사람이 보통 가는 신사와는 다른, 종교적인 것이 아닌 국가적인 의식이었습니다. 상동교회에 들어선 신사 신도는 의심할 여지없는 종교였습니다. 어떻게 그리스도인이 신도 신자가 될 수 있습니까? 여전히 한국 감리교회의 리더가 그들의 목사님이 미소기바라이(신도 세례)를 하도록 협박하고 강요하고 있습니다. 미소기바라이는 1944년 9월, 4일에 걸쳐서 신사 신도를 기념하는 행사였습니다.

몇몇 중요한 일정은 다음과 같았습니다.

1940년 10월 2일.   일본 경찰과 사법부, 그리고 군 당국의 지원을 받은 진홍수 박사와 성준수 감독에 의해 한국 감리교회의 개혁 움직임이 착수되었습니다.

1941년 3월 10일.   개혁 프로그램을 진행하기 위해, 한국 감리교회 총회의 특별한 회의가 경찰 부서의 감독자가 앉아 있는 채로 서울에서 개최되었습니다. 교회의 규율은 수정되었고 성준수 감독은 그 자신을 독재자로 만들었습니다. 그는 한국의 3개 모든 연회들을 와해시켰고, 수정된 규율에 대한 질문은 아무도 할 수 없었습니다.

1941년 12월 11일.   평양에 있는 첫 감리교회는 불에 타 무너졌습

	니다. 원인은 알려지지 않았습니다.
1942년 3월 12일.	성준수 감독은 감리선교회 자산 법인 회장에게 모든 선교회 자산을 그에게 넘기도록 협박 편지를 보냈습니다.
1942년 5월.	촉진회 구성.
1942년 9월 28일.	평양 경찰 형사들이 서울에 와서 류형기 목사와 정일형 박사를 체포했습니다. 며칠 후 그들은 구성서 목사, 송홍국 목사, 전효배 목사도 체포했습니다. 그들이 재판을 위해 감옥으로 보내졌을 때, 무혐의로 풀려난 구 목사를 제외하고 그들은 평양 경찰서에서 6-7개월간 고문을 당했습니다. 위의 목사들이 체포되기 전, 형사들은 감리교 본부를 방문했었습니다.
1942년 12월 2일.	총회가 서울에서 열렸고, 성준수를 지도자로 원하지 않는다는 교회의 입장을 보이며 변홍규 박사를 교단의 회장으로 뽑았습니다.
1943년 6월.	변 박사는 경찰 당국에 의해 강제로 사임했습니다.
1943년 8월.	전진규 목사가 총회의 특별 회의에서 감독에

	뽑혔지만, 경찰 당국은 잘못되었다고 지적하고 당선을 무효시켰습니다.
1943년 10월 3일.	경찰 당국의 지도 아래서 열린 총회의 특별 회의에서 성준수는 감독회장으로 다시 뽑혔습니다.
1944년 1월.	성준수는 일본 군대의 이익을 위해 감리교회들과 목사관들을 모든 곳에서 파는 캠페인을 시작했습니다. 대략 60개의 교회들과 목사관들이 몇 개의 논과 더불어 팔렸다고 보고되었습니다.
1944년 9월 26-29일.	신사 참배의 개회식을 위한 특별한 프로그램이 옛 상동감리교회에서 준비되었습니다. 몇 개월 전, 성 감독은 이 교회가 문을 닫고 현재 그가 회장으로 있는 보통 신도 신사로 바꾸기를 명령했습니다.
1945년 7월 20일.	부총독의 제안으로 조직된 한국기독교교회의 총회에서 성준수는 한국 기독교회 연합에 찬성해서 한국 감리교의 해산을 발표했습니다. 교회들은 지금까지 일본이 한국 교회들을 합병하기를 원했어도, 일본 경찰이 모든

한국 교회들을 감당할 수 없을 것이라며 반대하는 정부의 장관 때문에 특정 교파 소속을 남겨 두었습니다. 기독교 교회 연합의 짧은 역사는 다음과 같습니다:

1945년 6월 25일, 일본 부총독은 약 50명 정도의 장로교, 감리교, 구세군 교회들의 리더들과 함께 천주교 대표와 일본 교회들의 리더들을 모임을 위해 불렀고, 신교도 교회의 3개의 주된 교파를 하나의 한국 그리스도교회로 통합할 것을 제안했습니다. 물론, 공식적 모임 이전에 준비 작업이 있었으며 대표들은 연합에 대해 대화를 나누고 진심으로 그 제안을 찬성했습니다. 그 결과, 7월 19일과 20일, 총회가 소집되었고, 임의로 정해진 대표 인원 수는 장로교 27명, 감리교 21명, 구세군 6명 그리고 작은 독립 교회들로부터 각각 1명씩 해서 총 59명이었습니다. 그들은 각 교파의 본부로부터 선출되었습니다. 이 모임에서는, 각 교파의 대표들과 2명에서 3명 내지의 정부의 교육 당국 대표들로 이루어진 위원회에 의해 연합 교회의 규율들이 작성되었습니다. 규율들은 읽혔고 정식으로 채택되었습니다. 그러고는 장로교, 감리교 그리고 구세군의 리더들은 그들의 사직과 그들 교파의 와해를 공표했습니다. 지금 막 채택된 규제에 따르면, 교회에는 책임자와 위원회 외에 두 명의 실장이 있어야 했습니다. 일반적인 선거 대신에, 회의 이전 정부의 교육 당국 소속 서기가 나와서 다음과 같이 실장들의 임명을 읽었습니다.

통리자 - 김관식(장로교), 부통리자 - 김응태(감리교) 그 후 이 두 남자들과 교육 당국 대표들이 함께 만나 책임자와 위원회 그리고 지역의 수장을 선택했습니다. 이들은 1945년 8월 1일 사무실을 열고 일을 시작했으나, 지역 교회에 공식 발표를 하기 전에 일본인들이 8월 15일 연합국에게 항복함을 밝혔습니다.

교회의 연합은 1885년 장로교의 언더우드 선교사와 감리교의 아펜젤러 선교사로 시작되는 본격적인 선교 사역 초기부터 염원하던 기도 제목이기도 했다. 그러나 이번의 교회 연합은 일제에 의해 일제의 통치에 자의 반 타의 반으로 협력하는 교계 지도자들을 앞세워 강제적으로 진행된 연합이었다. 일제에 협조하지 않는 교계 지도자들을 체포해서 감금했으며, 협조하지 않는 목사가 교계 지도자로 선출되면 강제로 끌어내리고 경찰의 감독 아래 친일 목사로 하여금 교단 대표로 선출되도록 진행했다. 교단의 총회에 경찰이 감독관으로 배치되어 있었으며, 일제의 입맛에 맞게 개정된 규율에 대해서는 질문조차 허용되지 않았다.

일제에 의해 새로 탄생한 한국 기독교 총회의 책임자들을 자발적인 방법으로 선거에 의해 뽑은 것이 아니라 총독부 관리가 나와 발표하고 임명장을 읽는 형태로 진행했으니 교회에 대한 협박이 어떠했을지 알 만하다. 그야말로 일제 침략의 말기에 교회를 억압하는 수단으로 교회 연합을 이루려 했던 것이다.

윌리엄스 선교사는 이 일에 대해 "저 역시도 우리 교회 연합을 찬성하고 있지만, 현재의 움직임이 또 하나의 교단 탄생을 가져올 것 같아 보일 뿐입니다"라는 선교 보고를 했다. 정말 당시 사람들이 한 달 뒤의 상황을 모르고 날뛰던 정황을 70여 년이 지난 지금 윌리엄스 선교사의 편지를 통해 목도하고 있다.

하나님은 불순종한 이스라엘 백성에게 70년 바벨론 포로 생활을 허락하신 후 이스라엘 백성 스스로의 힘이 아닌 바벨론을 정복한 바사 제국 고레스 왕의 포로 해방 정책으로 인해 그들이 조국 이스라엘로 돌아오게 하셨다. 1970-80년대에 디스코 열풍을 일으켰던 독일 그룹 보니엠(Boney M)은 이스라엘 백성의 바벨론 70년 포로 생활을 표현한 〈바빌론 강가에서〉(Rivers of Babylon)라는 곡을 발표해 선풍적 인기를 누리며 이와 함께 고대 이스라엘 역사에 관해 관심을 갖게 한 바 있다.

우리나라 역시 거대한 세계사의 흐름 속에서 미국이 주도하는 UN 연합군에게 일제가 패망하면서 독립을 쟁취했는데, 이는 2,500여 년 전 바사 제국에 의해 바벨론에 잡혀갔던 이스라엘 포로가 해방된 것과 유사한 모습이라고 할 수 있다. 바라기는 우리가 일제 36년을 어떻게 처절하게 견뎌 냈는지에 대한 아름다운 곡이 나와 전 세계를 휩쓸기를 기대해 본다.

일제의 교회 박해와 신사 참배 강요에 응하지 않으면서 겪게 되는 고난은 이루 말할 수 없었다. 일제는 한국 식민지 점령 처음부터 '동화 정책'을 넘어 곧 한민족 자체를 해체시키려는 '민족 말살 정책'에 목표를 두고 있었다. 그래서 외국 선교사들에 의해 세워진 학교와 교회를 다니는 그리스도인들은 '불령선인 집단'으로 취급했다. 왜냐하면 교회와 기독교 학교를 통해 자유 평등 사상과 더불어 자주 독립 정신을 고취시켜 민족 문제와 새로운 세계관의 안목을 갖게 했기 때문이다.

그 대표적인 사례가 1919년 기미독립만세운동이다. 3·1 독립운동이라 일컫는 만세 운동은 3월 1일에 탑골공원에서 시작해서 그해 몇 달 동안 전국 각지로 퍼져 나갔다. 독립선언서에 서명한 33인 중 그리스도인이 16명으로 절반에 해당했으며, 전국으로 번진 만세 운동은 대부분 선교사들이 세운 학교와 교회 및 그리스도인 중심으로 전개되었다. 윌리엄스 선교사가 세운 공주 영명학교도 예외가 아니었다. 영명학교 학생들과 교사들이 공주에서의 만세 운동 주동자들이었으며, 이 여파로 공주 영명학교는 휴교를 당하게 된다.

3·1운동의 여파로 경기도 화성의 제암리교회에서는 교인 20여 명이 일본군에게 학살을 당했고, 국내뿐만 아니라 만주 지역의 간도 용정 시에서도 수천 명이 만세 운동을 하다가 17명이 총살을 당했다. 이 외에도 여러 곳에서 학살이 자행되었는데, 사람들을 교회당에 가둔 채 불 지르고 총을 쏘고 칼로 찌르는 등 무차별 학살극을 저질렀다.

일제의 한국 교회 핍박의 절정은 '신사 참배'였다. 일제는 한국인을 강제 징용해 노역장으로 끌고 갔으며, 신사 참배를 강요하고 억지 충성을 요구했다. 기독교의 유일신 신앙과 사상, 자유를 말살하기 위해 남산을 비롯한 곳곳에 신사를 세우고 참배할 것과 예배를 시작할 때 궁성요배(宮城遙拜, 일본 제국과 그 식민지들의 주민들이 고쿄[궁성]가 있는 방향으로 고개를 숙여 절을 하던 예법)를 강요했다.

"그러므로 이렇게 구름 떼와 같이 수많은 증인이 우리를 둘러싸고 있으니, 우리도 갖가지 무거운 짐과 얽매는 죄를 벗어 버리고, 우리 앞에 놓인 달음질을 참으면서 달려갑시다. 믿음의 창시자요 완성자이신 예수를 바라봅시다. 그는 자기 앞에 놓여 있는 기쁨을 내다보고서, 부끄러움을 마음에 두지 않으시고, 십자가를 참으셨습니다. 그리하여 그는 하나님의 보좌 오른쪽에 앉으셨습니다"(히 12:1-2, 새번역 성경).

교인들을 교회당에 가둔 채 교회를 불태우고, 교회를 신사로 바꾸고 신사 참배를 강요하는 등 교회에 대한 핍박이 절정에 달했을 때, 많은 선교사들과 교회 지도자들과 신앙의 선배들은 차라리 그들이 세웠던 학교를 문 닫고 감옥에 갈지언정 신사 참배를 거부했다. 그들 앞에 고난이 올 것이라는 뻔한 사실을 알면서도 신앙의 선배들은 예수님이 자기 앞에 놓여 있는 기쁨을 내다보신 후 그 고통스러운 십자가를 참아 내고 부끄러움을 견뎌 내신 장면을 떠올렸을 것이다.

일제 말기와 같은 민족적인 울분과 신앙적인 고난은 아닐지라도, 나름의 시대적인 역경과 개인적인 고난이 있게 마련이다. 예수님이 십자가 고통 너머의 기쁨을 내다보셨듯이, 우리 앞에 놓인 고난과 역경 너머에 있는 하나님의 우리에 대한 기대를 바라보기를 기도한다.

17.
선교사 추방과
새로운 선교지 인도

1940년 10월 29일에 디펜도르퍼 박사가 젠슨(A. K. Jensen) 씨에게 보낸 전보는 일제의 외국인 추방 결정에 따라 한국 내에 사는 미국인 감리교 선교사들의 해외 대피를 요청하는 내용이다. 이에 의하면, 교통편 예약과 필요 자금의 선지급을 인가하면서 아멘트 선교사와 윌리엄스 선교사가 인도로 갈 수 있도록 요청하고 있다.

이때 윌리엄스 선교사는 미국 나이 57세로서 조선에 온 지 벌써 34년째였다. 57세면 오늘날에는 한창 일할 나이지만 당시로서는 적지 않은 나이였고, 환경이 열악한 선교지 한 곳에서 34년이나 사역했다면 이제 본국으로 돌아가 여생을 편안하게 보내도 될 만한 나이였다.

　윌리엄스 선교사는 조선에서 추방된 후 새로운 선교지로 인도를 선택하면서, 그가 머물게 될 시간이 인도 사람들에게 도움이 되기를 위해, 또 언젠가 한국으로 다시 돌아올 수 있을 때 그곳에서의 시간들이 한국에 도움이 될 새로운 경험들이 되기를 위해 기도했다. 그는 또 "거만한 일본이 물러가면 한국, 만주 및 중국이 정말 선교하기에 좋은 곳이 될 것"이라며 미국 내의 모금액들을 콜로라도 주 은행으로 입금시킨 후 차후에 인출해서 공주 학교에 쓸 돈을 불릴 수 있도록 요청하고 있다.

　윌리엄스 선교사는 아내와 어린 학생인 막내아들을 데리고 인도의 가지아바드로 출발하면서 34년 동안 살며 사역했던 한국을 떠나는 것은 정말 어려운 결정이었다고 1941년 2월 10일자 편지에서 밝히고 있다. 그는 34년간 충청도 사람들과 함께하며 교회와 농장 일, 나중에 농업 전문학교가 되는 고등학교 일도 병행하며 농촌 재건 사업과 농부들의 재교육, 농업 기술 및 가축 사육하는 방법들을 직접 보이면서 지내 왔는데, 이러한 일들이 부디 한국 사람들에게 도움이 될 수 있기를 인도에 가서도 기원하고 있다. 더불어 미국 영사관의 대피 명령에 따라 한국을 떠나기는 했지만 이 일이 일본에 의해 행해졌음을 잘 알고 있으며, 절대 한국과 한국 사람들을 잊지 않을 것임을 말하고 있다.

▶ 1940년 말 일제에 의한 선교사 강제 추방에 따른 윌리엄스 교장 송별 기념사진(사진: 영명중·고등학교).

윌리엄스 선교사 가족이 한국을 떠나 인도로 간 후에 한국 감리교 선교위원회에 남아 뒷일을 보고 있던 사우어(C. A. Sauer) 선교사의 1941년 2월 20일자 편지에 의하면, 날이 갈수록 선교 현장에서 선교사들이 할 수 있는 일이 급격히 제한받고 있으며, 한국 감리교회의 정춘수 감독이 3월 31일을 외국 지원금을 받는 마지막 날로 정했다고 적고 있다. 사실, 정부 당국은 학교 자금을 축소하는 상황이었으며, 일본 군사 정권이 모든 스파이들을 몰아내려 노심초사하는 상황에서 그들의 의심을 받고 있는 선교사들이 세운 학교가 학교 자금을 받는 것은 부담스러운 상황이었다. 특히, 일본과 미국

이 일촉즉발의 긴장 관계 속에서 미국 선교사들이 한국에 남아 있는 것이 선교의 열매를 맺기는커녕 한국 교회에 오히려 불리하게 작용하고 있다고 적고 있다.

그는 선교사들이 2-3월 중에 많이 떠나고, 남아 있는 선교사들은 반외국인 정서의 사막 한가운데 있는 오아시스에 살면서 자신에게 불어오는 모래를 보지 않으려 하고 있다며 당시의 긴박한 상황을 표현하고 있다. 마지막까지 남아 있던 선교사들은 그들에게 갑자기 닥칠지도 모를 위기에 대해 염려하고 있었다는 내용과 함께 안전하게 출항 할 때 전보를 보내겠다고 편지를 맺고 있다.

윌리엄스 선교사는 새로운 선교지 인도에서 보낸 1941년 4월 4일자 편지에서 한국에 있는 학교가 자신이 떠난 뒤에도 당분간 지원받을 수 있게 된 소식을 기뻐하면서 인도에서 향수병 이상으로 한국을 그리워하고 있다고 적었다. 그는 인도 가지아바드에서의 삶을 언급했는데, 마을 일은 한국보다 더 힘들고, 집에는 스토브도 없으며, 물은 길어다 써야 한다고 적고 있다. 그러면서 물도 센물이라 뻣뻣한데 왜 수조 시설로 빗물을 모아 사용하지 않고 있는지 의아해하면서, 공주에서 34년 만에 자동 수조 시설을 설치한 후 한국을 떠나기 전 한 달밖에 사용하지 못한 점을 못내 아쉬워하면서 인도에서의 고생스러움을 표현하고 있다.

▶ 인도 우타르프라데시 가지아바드에 위치한 잉그라함 연구소에서 보낸 편지지에 있는 삽화 〈농부! 흙의 사람?〉.

   윌리엄스 선교사 부부는 50대 후반에 새로운 선교지 인도의 무수리(Mussorie)에서 4개월 과정의 힌디어 어학교에 다니고 있는데, 그 지역의 흙먼지 바람이 심해서 목과 코가 좋지 않으며, 아내 앨리스는 피부병과 복통이 심각하다고 적고 있다. 이러한 나쁜 환경으로 인해 윌리엄스 선교사 자신도 눈과 코에 문제가 생겼으며, 아내 앨리스는 복통이 점점 더 심해져 5월 15일 현재 란두어 병원에서 10일간의 치료를 받고 있다고 적고 있어 아내 앨리스가 인도에서 심한 복통으로 한 달 이상을 앓고 있었음을 알 수 있다.

   아내 앨리스 선교사의 복통은 이후 6월 30일자 편지에서도 심한 상태로 언급되는데, 란두어 병원에서 3주간의 치료를 받았으며 어학교 과정이 끝날 때 즈음 다시 치료를 받아야 한다고 적고 있어 그 심한 복통이 인도에 도착한 후 줄곧 3개월 이상 지속되었음을 알 수 있다. 한국에서 34년 동안 사역하면서 어느덧 된장, 고추장에 적응했던 앨리스 선교사의 위장이 갑작스럽게 인도의 카레에 적응하지 못한 것 같다.

연속되는 인도에서의 편지에서 윌리엄스 선교사는 "세월이 흘러도 가슴속에 한국과 한국의 고통 받는 교회에 대한 아픔이 느껴지지만 가까운 사람들에게 편지조차 쓸 수 없으니 그들을 생각하며 기도만 할 뿐이다"라고 표현하고 있다. 심지어 한국에 34년간 머물 때에도 그들을 위해 지금만큼 오래 기도하지는 않았었다고 자백하고 있다. 이 대목에서 당시 해외로 발송되는 편지들이 모두 검열되고 있었음을 알 수 있다.

E. M. 바운즈는 《기도에 네 인생이 달렸다》(규장 역간)라는 책에서 "기도로 닦지 못할 눈물은 없다. 기도로 몰아내지 못할 절망은 아무것도 없다"고 말한다.

> "여러분 가운데 고난당하는 사람이 있습니까? 기도하십시오. 기뻐하는 사람이 있습니까? 찬송하십시오"(약 5:13, 현대인의 성경).

아무리 일본군이라 해도 기도를 막을 수는 없으며, 또한 한국의 공주에 있는 그들에게 해를 가할 수도 없을 것이었다. 아마 선교사들이 한국에 그대로 있었다면 의심할 여지없이 교회에 장해와 방해가 되었을 것이었다. 그는 한국 교회가 힘든 시간을 잘 보낼 수 있도록 하나님이 보살펴 주실 것이라 믿으며, 자신은 인도에 심겨졌으니 인도에서 좋은 일꾼이 되겠다고 다짐하고 있다.

윌리엄스 선교사는 인도에서 선교 사역 중 우리 광복군과 특별한 관계를 맺는다. 광복군은 1940년 9월 17일에 중국에서 창설되었던 대한민국 임시정부의 군대로서, 이전에 중국 각지에 흩어져 활약하던 독립군들이 광복군으로 흡수되었다. 중국의 도움을 받아 한인 청년을 군사 간부로 양성하는 데 주력하면서 중국 중앙육군 군관학교 뤄양 분교에 한인 특별반을 설치해서 운영했다. 이들은 1941년 12월에 광복군의 이름으로 일제에 선전 포고하고 중국 각처에서 일제와 맞서서 싸웠다. 1943년 8월에는 인도와 미얀마 전선에 공작대를 파견해 1945년 7월까지 2년 동안 영국군과 함께 대일 항전을 전개했다.

이 과정에 윌리엄스 선교사는 이들 광복군들의 영어 교육을 담당했던 것으로 알려져 있다. 그 당시에 우리 광복군이 어떻게 인도까지 가서 훈련을 받았는지, 처음 이 이야기를 들었을 때는 몹시 의아했다. 만일 윌리엄스 선교사가 광복군 교육에 참여한 것이 맞다면, 그는 독립운동 유공자로 선정되어야 마땅할 것이다.

Dear Dr. Brown:

You will no doubt be glad to note that we have a new reinforcement in our field. One night the boy came to us Sunday 7th. Boy and mother are getting along fine and are quite strong. Both are having the very best of care and we hope that all will be well. We have dedicated the little one to the Lord and his work wherever or whatever it may be.

I received both bills of exchange and am very much obliged.

Yours in the work
Frank E. L. Williams

Box 30 Chemulpo
P.S. The boys name is George Earl.

윌리엄스 선교사는 조선에서 추방된 후 새로운 선교지로 인도를 선택하면서, 그가 머물게 될 시간이 인도 사람들에게 도움이 되기를 위해, 또 언젠가 한국으로 다시 돌아올 수 있을 때 그곳에서의 시간들이 한국에 도움이 될 새로운 경험들이 되기를 위해 기도했다.

제4부

한 알의 밀알이 맺은 열매

하나님을 사랑하고
그분의 계획대로 부르심을 받은 사람들에게는
결국 모든 일이 유익하게 된다는 것을
우리는 알고 있습니다

(롬 8:28, 현대인의 성경)

18.
다시 한국으로 금의환향

윌리엄스 선교사는 34년 동안 조선의 공주에서 어린 딸을 풍토병에 희생하면서까지 영명학교를 일구어 내면서 교육 선교와 감리사로서 지역 교회를 돌보는 선교 사역에 온 힘을 쏟았다. 그러는 동안 일제의 제국주의적 침략의 야욕은 급기야 세계 최강 미국과의 일전을 준비하기까지 이르러, 조선 땅에서 스파이 역할을 한다고 여겨 왔던 선교사들을 추방하기에 이른다.

 윌리엄스 선교사는 미국 나이 57세에 아내와 막내아들과 함께 새로운 선교지인 인도로 향하게 되는데, 그곳에서 새로운 언어(힌디어)를 배워 가며 하나님이 주시는 선교 사역을 감당했지만, 그는 자신의 평생의 선교지인 한국을 잊지 못한다. 그는 인도에서 뉴욕 선교 본부로 보내는 선교 보고 편지 곳곳에 한국 선교 현장에 대한 사무치는 그리움을 표현했는데, 부도덕한 일본이 물러가면 꼭 한국으로 다시 가고 싶다고 전하며 한국의 해방을 위해 기도했다.

일제로부터의 광복 7개월 전인 1945년 1월 11일자 편지를 보면, 그는 상황이 열려 한국으로 갈 수 있다면 다시 한국에 가서 일하고 싶으며, 지난 3일간의 라디오 방송을 들으니 머지않아 한국에서 일본을 쫓아낼 수 있을 것 같다고 쓰고 있다. 그러면서 그는 1906년 9월에 한국에 들어간 이후 그곳에서 34년, 인도에서 6년, 도합 40년간 선교 사역을 해 왔다고 회고하고 있다.

자신들을 도울 수 있는 사람들을 한국인 스스로 선택할 권리가 있는 만큼, 윌리엄스 선교사 생각에는 한국 사람들이 자신보다는 그곳에 있던 젊은 사람들을 부를 것 같았다. 윌리엄스 선교사 부부는 이사회와 감독에게 자신들이 인도를 떠나기 전에 한국이 열릴 것인지와 어떻게 해서든 한국에 가고 싶은데 한국으로 보내 줄 수 있는지를 문의하면서 단 한 번도 한국으로 돌아갈 수 있다는 희망을 버린 적이 없었다. 그들은 덧붙이기를, 나이 먹은 지금에 와서 한국인들에게 강요해 짐이 되고자 하는 것은 아니며, 만약 부탁이나 제안을 받는다면 건강이 허락하는 한 기쁜 마음으로 가서 7년간 더 한국에서 봉사하기를 간절히 원한다고 적고 있다.

하지만 만에 하나 다시 한국으로 돌아갈 기회가 주어지지 않는다면, 한국에서 보냈던 사역 기간을 즐겁고 가치 있는 시간으로 여기겠다고 밝히면서, 다시 인도에 오지 않고 은퇴하되 18세 아들이 고등학교 과정을 마치는 1946년 겨울이나 늦어도 1947년 3월에는 미국으로 돌아갈 것을 결정했다. 물론 그렇게 예정은 하면서도 만약 한국에서 필요로 한다면 미국으로 돌아가려는 계획을 접고 가족이 다 같이 한국으로 갈 것이라고 적고 있다. 즉, 인생의 마지막을 한국과 함께하고 싶은 간절한 마음의 표현인 것이다.

우리 속담에 "지성이면 감천"이라 했던가? 이 말의 성경적 표현은 "너희가 내 안에 거하고 내 말이 너희 안에 거하면 무엇이든지 원하는 대로 구하라 그리하면 이루리라"(요 15:7)일 것이다. 윌리엄스 선교사 부부는 확실히 예수님 안에 거하는 삶을 살았고 항상 예수님의 말씀대로 생활하는 사람들이었기에 그들의 한국을 향한 간절한 기도는 원하는 대로 이루어져야 하는 것이었다. 아쉽게도 일제로부터의 광복의 기쁨을 전하는 그의 감격스러운 편지는 구해지지 않았다. 그 기쁨은 아마 상상으로 느끼는 것이 더 클 것이라는 배려 때문이리라.

윌리엄스 선교사는 맥아더 사령관에 의해 미군 군정의 농업정책 고문관으로서 한국에 초청을 받았다. 1945년 10월 26일에 인도에서 뉴욕 선교 본부의 인도 담당자에게 보낸 편지에서 그는 9월

24일자로 맥아더 장군으로부터 초청 전보를 받았고 '알겠다'라고 대답했다고 적고 있다. 또한 10월 8일에는 다음과 같은 전갈을 받았다고 전한다.

> 윌리엄스가 절실히 필요합니다. 가장 빠른 비행기를 예약해 주십시오. 그의 아내와 아들을 데려와도 좋습니다. 그의 또 다른 아들, 조지 윌리엄스 미 해군 지휘관은 지금 서울에서 근무하고 있습니다.

```
Well on Sept 24 a wire was received
from Gen Mc Arthur asking for me to go to Korea as Agricultural
advisor for Military.Gov. in Korea. We answered Yes, pending
release by Bishop Pickett and Bishop said he would wire you.
One Oct 8th another message came, " Need for Williams is pressin
Arrange Air travel at earliest opportunity. Alright bring wife
and son. Another son, Commander George Williams is now in
Seoul making arrangements for quarters."
```

▶ 1945년 9월 24일에 맥아더 사령관으로부터 미군정의 농업정책 고문관으로 요청받았다는 내용을 전하는 윌리엄스 선교사의 편지(사진: GCAH, The United Methodist Church).

10월 25일에 군대 이동 수단으로 여행하라는 명령을 받은 그는 11월 3일 사역하던 곳에서 떠나 캘커타에서 11월 5일에 출발해 10일 정도에 서울에 도착할 예정임을 밝히고 있다.

윌리엄스 선교사는, 이 일은 절대 상상하지 못했던 일로서 매우 책임이 무거우며, 한국의 재건을 돕는 것뿐만 아니라 동시에 정부의 눈으로 가장 높은 위치에서 선교를 진행할 수 있는 절호의 기회라고 생각했다. 물론 그는 자신을 그 자리에 추천한 사람이 누구인지 모르며, 어떻게 여기까지 왔는지도 알지 못했다.

> 저는 이 일에서 하나님의 역사하심을 느낍니다. 하나님이 앞으로 1-2년 동안 하나님의 영광을 위해, 또 한국을 돕기 위해 저를 택하신 것 같습니다. 모든 것이 갑자스러워, 한국에 도착해서 일을 시작하기 전까지는 믿기지 않을 것 같습니다.

그는 하나님에게 영광을 돌리며 마음의 다짐을 했다. 뉴욕 선교본부의 디펜도르퍼 박사 역시 윌리엄스 선교사가 미군정에서 그와 같은 중요 직책을 맡게 된 데 대해 동의하면서, 한국에서 그 긴 세월 동안 이어졌던 선교 사역의 활동이 효과적이었음을 인정받는 일이라며 자랑스러워했다.

윌리엄스 선교사는 1945년 11월 10일 오후 1시에 서울에 도착했다. 한국 땅을 떠난 지 5년 만에 그토록 바라던 광복을 맞이한 선교지에 다시 온 것이다. 인도에서 한국으로 다시 돌아오게 해 달라고 간절히 기도하던 그때 한국 사람들이 자신보다 더 젊은 사람들을 부르지 않을까 하는 염려와 그러더라도 그것은 한국 사람들의 권리이니 그대로 인정하고 그동안 한국에서의 선교 사역 기간을 즐겁고 가치 있는 시간으로 여기겠다며 은퇴를 결심하던 생각 등이 생생했다.

'광복'이라는 단어는 윌리엄스 부부에게 참으로 소중한 단어였다. 얼마나 소중했으면 큰아들 조지의 한국 이름을 '광복'으로 지었겠는가? 그렇게 간절히 바라던 광복을 맞은 한국 땅에 다시, 그것도 중앙 정부 기관의 요직을 받아서 돌아오게 되었으니 그야말로 금의환향이었다.

윌리엄스 선교사는 서울에 와서 해군 군의관으로 들어온 아들 조지(광복)를 만나고 나서야 사건의 전말을 알 수 있었다. 조지는 하지 장군, 아놀드(Arnold) 장군과 함께 인천으로 오는 기함을 탔으며, 의료 담당자로서 위생 상태가 어떤지 살피기 위해 상륙했다. 그는 38년 전인 1907년 4월 그가 태어났던 제물포 부둣가의 집을 찾기 위해 도와줄 수 있는 한국인을 찾았는데, 마침 미군 장교를 이해시키려는 세 명의 한국인 옆에서 이들의 대화에 완벽한 오해가 있다는 것을 알고 끼어들게 되었다.

조지:　　　　죄송하지만, 이 세 명의 사람들은 미군들을 환영하기 위해 보내졌다고 합니다.

미군 장교:　어떻게 알죠?

조지:　　　　실은, 나는 바로 이 도시에서 태어났고, 14년간 한국에서 살았습니다.

바로 그때, 하지 장군이 다가와 어떻게 이곳의 언어(한국어)를 알고 있는지 물었고, 위의 말이 반복되었다. 몇 시간 뒤, 조지가 배에 돌아왔을 때 해군 장성이 그에게 전화해서 한국에 주둔한 미군 정부에서 3개월간 일을 도와야 할 것이라고 말했다. 그래서 조지는 의료 일이 아닌 군정에 필요한 모든 일을 하게 된 것이었다.

아놀드 장군은 윌리엄스 가족이 서울에 도착한 지 이틀째 되던 날 저녁을 사 주며 말했다.

"조지 지휘관은 우리에게 굉장한 힘이 되어 주었습니다."

조지에게 누가 한국에 오면 도움이 될 것 같은지를 묻는 아놀드 장군의 질문에 그는 언더우드(H. H. Underwood, 한국명 원한경) 선교사를 비롯한 여러 다른 사람들의 이름을 말하고는, 마지막으로 자신의 아버지인 윌리엄스 선교사의 이름을 말했다. 그는 부자 관계이기에 선뜻 아버지를 말하기 어려웠지만, 한편으로는 한국에서 34년간 선교사로 살아온 아버지만큼 한국 사람들을 잘 알고 또 농업에 관한 전문적 지식과 중요성을 잘 아는 사람은 없다고 판단되어 아버지를 추천했던 것이다.

"하나님을 사랑하고 그분의 계획대로 부르심을 받은 사람들에게는 결국 모든 일이 유익하게 된다는 것을 우리는 알고 있습니다"(롬 8:28, 현대인의 성경).

사실 부자간에 믿음과 신뢰감을 갖지 못하는 경우도 허다하다. 아들 조지는 어릴 때 열네 살까지 공주의 영명동산에서 살면서 아버지 윌리엄스 선교사의 믿음 생활을 비롯한 생활 전반의 일거수일투족을 뒤에서 다 지켜보았다. 또한 아버지가 7년마다 휴가를 얻어 미국에서 지내는 동안에도 결코 게으르지 않고 선교 사역을 위해 동분서주하는 모습과 대학의 농업 과정을 등록해서 다시 공부하며 학위를 받는 등 전문성을 위해 지속적으로 노력하는 모습을 보아 왔기에 아버지를 추천한다는 부담감을 덜어 낼 수 있었다.

조지는 20여 년 전 윌리엄스 선교사가 14세, 15세의 두 아들을 미국에 남겨 두고 자신은 지구 반대편에서 오직 기도로 함께하던 아들 중 맏아들이다. 윌리엄스 선교사가 7년 후 휴가를 받아 미국에 갔을 때 두 아들은 대학에 진학해 있었으며, 그중 한 아들은 벌써 결혼한 상태였다고 적고 있다.

늘 가슴 한구석에 아들을 곁에 두어 키워야 한다고 생각했던, 그러나 그러지 못해 못내 아쉬웠던 아버지 윌리엄스와 맏아들 조지는 서로를 신뢰하며 무한한 믿음을 가지고 있었다. 사춘기 아들들을 하나님에게 맡기고 자신과 아내는 이역만리 타향에서 하나님 사역에 매진하는, 즉 먼저 그의 나라와 의를 구하는 윌리엄스 선교사의 사역을 하나님이 다 보상하신 것이다.

19.
미군정 농업정책 고문관
그리고 선교사

윌리엄스 선교사는 해방 후 대한민국 정부 수립 때까지 우리나라를 통치했던 미군정의 농업정책 고문관으로 해방된 한국에서 농촌 경제를 일으키기 위해 동분서주했다. 당시 한국 농업의 가장 큰 문제는 씨앗과 비료를 구하는 일이었다. 또한 넉넉한 식량이 있다고 잘못 전해져 농부들은 다음 봄을 위해 보리를 심지 않았다. 일본인들이 과거 5년간의 평균을 가지고 보고했기 때문이다. 그래서인지 밭을 일구는 농부는 거의 없고 수로는 망가진 채 그대로였다. 가축 노동력 또한 반으로 줄어 있었다. 8월부터 일본인들이 소를 너무 많이 도축해서 먹었기 때문이다. 씨감자 1만 톤이 늦게 도착해

파종 시기를 놓쳤으며, 일본에서 오기로 한 2백만 주의 뽕나무 묘목도 50만 주로 준 데다 그마저도 오고 있지 않았다. 도대체 똑바로 되는 일이 없는데 어떻게 전쟁에서 이겼는지, 유통 체계들이 불필요한 요식투성이였다. 윌리엄스 선교사는 트럭들을 동원해서 눈 덮인 산길을 뚫고 강원도의 군청과 면사무소에까지 6-7천 포대의 비료를 실어다 주어 농부들에게 팔 준비를 하게 하는 일에 동참했다.

윌리엄스 선교사는 미군정 농업정책 고문관으로 일하는 세 달 동안 미국 군대가 먹여 주고 재워 주는 일은 했지만 월급에 대한 이야기는 없었는데 이제야 돈이 들어오기 시작했다며 1946년 3월 3일 편지에서 밝히고 있다. 그러면서 미군정에서는 1달러에 15엔을 받는데 시장에서는 1달러에 90-100엔이 된다며 걱정을 했다. 이러한 면을 보면 미군 장병들이 미군정으로부터 받는 월급을 공식 환율을 기준해서 엔화로 지급했던 모양이다.

1946년 5월 9일 서울에서 뉴욕 선교 본부로 보낸 편지를 보면, 윌리엄스 선교사는 미군정 농업정책 고문관으로서 고유의 업무를 진행하는 한편 선교 사역을 위해서도 많은 노력을 기울였다. 저녁과 휴일 그리고 주일에 한국 교계 사람들과 연락하며 가능한 모든 방법으로 그들을 도와주었다. 심지어 평일에도 여러 문제들을 가지고 오는 사람들이 많았는데, 그러한 경우에도 가능한 한 시간을 내어 이곳저곳에서 도왔으며, 사무실에서도 한국인들과 미군 정부

사이의 관계에 많은 도움을 주었다.

그가 만일 미군 정부와 아무런 연관이 없는 선교회 소속의 선교사로서 이곳에 왔다면 이동 수단에 많은 어려움이 있었을 것이라고 토로하고 있다. 무슨 수로 그 비싼 물가 상황에서 필요한 기름과 운송 수단을 얻을 수 있었겠는가? 빌링스(P. Billings) 선교사도 1908년에 조선에 와서 32년간 사역하던 중 1940년 일제의 선교사 추방에 따라 출국했다가 해방 후에 다시 돌아왔는데, 그가 다시 돌아온 조선에서 집과 사무실을 오갈 수 있는 것은 윌리엄스 선교사가 군 정부 소속의 전용 지프차를 가지고 있었기에 가능한 일임을 밝히고 있다.

윌리엄스 선교사가 한국 농업협회의 일을 위해 시골에 가게 될 때면 그 지역의 교회에 연락을 취해 가능한 한 도움을 주었는데, 당시 상황에서 그에게 군 정부 소속 차량이 없었다면 교통수단이 워낙 열악해 다닐 수조차 없었을 것이다. 기차와 버스들은 너무 붐벼서 이동하기에 최악의 상태였으며, 시내 전차나 버스 및 기차는 군대와 연결되어 있지 않은 이상 이용이 거의 불가능했다. 사람들은 뉴욕 전철의 피크 타임 때보다 더 많고, 서로 배려가 없으며, 이는 외국인들이라고 예외가 아니었다.

모두 자기 살기 바쁜 시기였다. 사람들은 다음 날 기차표를 사기 위해 몇 시간 동안이나 줄을 서서 기다려야 했는데, 이는 서울에 중국에 있던 수천 명, 일본에 있던 수만 명, 그리고 북에서 빠져나온 사람들이 셀 수도 없이 많았기 때문이다. 또 서울에서 여러 모양으로 장사 또는 암거래가 이루어졌기 때문에 혼잡하고 복잡할 수밖에 없었다. 이런 상황에서 언더우드 선교사와 빌링스 선교사는 윌리엄스 선교사가 군 정부에 관련이 있지 않았다면 선교사들이 제 역할을 하지 못했을 것이란 사실을 인정했다.

서울이 이러할진대 시골 지역을 여행하는 것은 거의 불가능했다. 여행 여건이 옛날보다 더 열악한 상황이었다. 천정부지의 물가는 미군정에서 일하는 윌리엄스 선교사나 언더우드 및 빌링스 선교사에게도 엄청난 부담으로 작용했다. 선교부에서는 몇 대의 지프차를 가지고 있기는 해도 대부분의 경우 기름이 부족해서 사역지를 돌기에 역부족이었다. 심지어 미군 정부의 일들도 기름 부족으로 인해 차질을 겪고 있었다.

1947년 3월 12일 편지에서 윌리엄스 선교사는 미군정 농업정책 고문관답게 농장의 소년과 소녀들을 위한 학교, 즉 농업학교가 없는 현실을 매우 안타까워했다. 비단 그가 미군정 농업정책 고문관이라서가 아니라, 그는 원래 한국 현실에서는 농업학교가 반드시 필요함을 느껴 학부모들의 반대에도 불구하고 그들을 설득해서 인문학교였던 공주의 영명학교를 농업학교인 영명실수학교로 바꾸었더랬다. 그게 벌써 15년 전인 1932년의 일이었다.

해방 후의 혼란한 상황이었지만 그는 한국인들이 농업학교와 같은 실업학교보다는 일반 고등학교, 전문학교 및 대학교 설립을 더 많이 원하는 것 같다고 적고 있다. 그러면서 예전에 운영했던 학교는 한국의 경찰대학으로 쓰이고 있으며 선교사들의 주거 주택들도 그들에게 임대되어 있어, 건물들이 방치되어 퇴색되는 것보다는 차라리 나은 것 같다고 적고 있다.

1달러 15엔의 환율로는 건물 수리도 할 수 없는 상황이었다. 그러면서 윌리엄스 선교사는 환율이 제대로 되려면 1달러에 250엔 이상은 되어야 한다고 기술하고 있다. 그는 1년 전에 썼던 1946년 3월 3일의 편지에서 1달러에 90-100엔의 시장 환율을 언급했었는데, 1년 사이에 물가가 두 배 이상 뛰었다고 느꼈던 것이다. 이러한 환율 상황이 말해 주는 극도의 경제 불안, 교통수단의 부재 및 기름 부족 등으로 인해 당시 한국에 들어와 있던 선교사들의 사역은 매우 어려웠다.

한 번은 농업 고문 업무로 인해 한국 농업협회가 모델 마을을 구축하기 위해 선정한 무치내(Moo Chi Nai) 마을에 가게 되었는데, 알고 보니 그곳은 기독교 마을로서 45년 전에 교회가 헌당된 곳이었다. 이 편지가 쓰인 1947년 11월 22일로부터 45년 전이면 1902년에 교회가 봉헌되었음을 의미한다. 윌리엄스 선교사는 이 마을의 교회를 재건하기 위해 500달러의 기부금을 요청하는 편지를 뉴욕 선교 본부의 디펜도르퍼 박사에게 보내고 있다. 그가 1906년 조선에 처음 선교사로 부임해서 34년 동안 뉴욕 선교 본부와 미국 내에 있는 후원자들에게 자주 보내던 매우 익숙한 내용의 편지를 인도로 떠났던 1940년 이후 7년 만에 다시 쓰고 있는 것이다.

1947년 10월과 11월 늦가을에는 과거에 정말 오랫동안 사역했던 충청남도 지역을 돌아보았다. 그는 감회에 젖은 채 12개 군을 돌아보며 미국 씨감자와 비료와 관련된 업무를 진행했다. 그는 그곳에서 쌀 수확을 위해 2천만 장의 가마니가 짜지는 것과 10만 톤의 비료 및 6만 자루의 씨감자가 한국 농부들에게 싼 가격에 팔리도록 했다. 역시 경제관념이 확실한 선교사답게 정확한 수치로 표현하는 모습을 다시 한 번 발견하게 된다.

농촌을 오가는 길에 많은 소년과 소녀들이 학교에 가기 위해 길가에 서 있는 모습을 보았는데, 어느 여행 때보다 아이들의 모습이 명랑하고 진지해 보인다고 소감을 적고 있다. 그는 또한 이곳저곳에 학교가 세워지는 것을 발견하고 매우 기뻐했다. 충청 지역 전역에서 신교육을 가장 먼저 실시한 공주의 영명학교 교장을 34년간이나 지냈었기에 그 느낌이 남달랐을 것이다.

동행한 아멘트 선교사와 모든 교회를 다 방문해 보았으며, 11월 8-9일(토요일-일요일)에 함께 안면도를 방문해 성은리에서 그리스도인들과 함께 예배를 드렸다. 그곳은 윌리엄스 선교사가 20년 전에 파운드(Found) 박사와 아들 하워드와 함께 방문했던 곳으로서, 파운드 박사는 오후에 70명을 진료하고 아들 하워드는 면사무소 마당에서 저녁에 있을 영화 상영을 준비하던 생각이 떠올랐다. 그 영화는 치아 관리와 갈고리충에 대한 보건 계몽 영화였다. 그 교회의 임봉익 목사는 그곳에서 7년의 힘든 시간을 보냈는데, 전쟁 중에 그 섬의 일본인 책임자로부터 목사를 비롯한 교인들이 많은 곤욕을 치렀다.

다행히도 농촌 교회들은 매우 활동적이고 희망찬 영으로 계속 성장하고 있으며, 제대로 된 리더만 있으면 몇 년 안에 자립할 것으로 보였다. 윌리엄스 선교사는 미군정 농업정책 고문관 자격으로 일을 하러 다녔지만, 동시에 선교적으로도 할 일이 많았다. 미군정의 자금으로 일하면서도 그리스도인 농부들을 참여시킬 수 있었기 때문이다.

그러나 아쉽게도 그가 과거에 속해 있던 감리회 교회의 리더들이 두 진영으로 갈라져 싸우고 있었기에 선교회에 소속되고 싶지는 않았다. 농촌 교회들은 서울 센터에 얼마나 많은 문제가 있는지에는 관심이 없었다. 그는 "우리가 살아가면서 서로 용서하고 또 용서받는다면 하나님의 사업도 훨씬 효과적으로 할 수 있을 텐데" 하면서 편지를 맺고 있다.

20.
광복 후의 혼란과
신탁 통치 반대

윌리엄스 선교사는 이제 뉴욕에 있는 미국 감리교 선교 본부로부터 파송된 선교사 신분은 아니었지만, 그래도 뉴욕의 선교 본부와 관련 있는 사람으로서는 5-6년 만에 최초로 과거 그들의 선교지였던 한국 땅에 다시 돌아온 사람이 되었다. 그러다 보니 한국 내에 있던 감리교 선교 기지의 재산과 시설이 어떻게 남아 있는지 궁금하지 않을 수 없었다.

그는 한국에 돌아온 지 채 2주가 안 되는 짧은 기간 동안 선교 기지의 시설들을 돌아보고 11월 23일 날짜로 뉴욕의 선교 본부에 편지를 보냈다. 우선 감리교신학교 내의 자산을 확인해 본 결과 두 채의 집들은 창문과 문 그리고 내부가 거의 무너져 내리려 하고 있으며, 사우어가 소유하고 있는 한 채는 대체로 양호한 편이었다. 배재학당 옆의 두 채는 5년간 방치되어 있던 것치고는 괜찮아 보여 전체적으로 다섯 채 중에 세 채는 괜찮은 상태였다. 조선신학교 근처에 있는 집들은 직접 보지 못했지만, 베커(Becker) 씨가 살던 집이 불탄 것을 멀리서 보았으며, 공주에 있는 집들은 도둑들로 인해 처참한 상태로서 모든 집뿐만 아니라 학교의 창문은 대부분 깨져 있었다.

한국인들 사이에서는 폭력주의 성향이 더 많아졌다. 38선 북쪽 환경에 대해 그곳의 궁핍한 상황과 도둑질, 러시아 군인들이 모든 공장들의 기계를 빼앗고 땅을 아무것도 날 수 없는 불모지로 만들어 버린다는 이야기를 들었는데, 미국이 한국을 충분히 다 도와줄 수 있다고 단언했음에도 왜 러시아가 한국의 한 부분을 갖는 것이 허락된 것인지 답답했다. 38선 남쪽에는 한국을 공산주의로 변화시키겠다고 선전하는 북에서 파견된 사람들로 넘쳐나고 있었다. 선교사의 눈에는 절대 용서되지 못할 정의롭지 못한 것이었다. 상황은 일본인들이 이곳에 있었을 때보다 더 좋지 않았으며, 한국을 러시아에게 넘기는 것 같은 느낌마저 들었다.

사회적 상황도 심각했다. 그는 "워싱턴은 한국인이 긴 세월 동안 바라 왔던 자유를 주고 있다고 주장합니다. 똑똑하지만 정직하지 않은 자들이 자유를 가져가서 다른 한국인들의 불이익에 사용하고 있으나 우리의 손은 워싱턴 때문에 묶여 있는 상황입니다. 무슨 강경한 수가 있어야 합니다"라며 사회적 혼란상을 전하고 있다. 한국인 목사들은 선교사들이 빨리 돌아오길 바라고 있었다. 온전하고 분별력 있는 사람들이 한국에 올 수 있도록 워싱턴에서 조치를 취해야 하

▶ 신탁 통치 반대 운동(사진: 한국민족문화대백과사전).

며, 사우어 선교사도 빨리 내한해서 자산 문제를 해결하기를 바랐다. 교회는 무자비한 일본인들에 의해 끔찍한 매질을 당했는데, 당시 마음이 돌아선 몇몇 목사들이 가세한 일들로 인해 믿지 않게 된 평신도들도 있었다.

윌리엄스 선교사는 당시와 같이 혼란한 때에 필요한 신령하고 시대의 요구에 거듭난 연합된 교회를 소망하며 기도했다. 그리하여 하나님이 연합된 교회를 이루어 분열된 이익 추구를 막아 주시기를 기도하곤 했다. 최근 3일에 걸쳐 교회 연합을 위한 모임이 이루어지고 있는데 감리교 최고지도자들이 오지 않아 걱정된다고 전하면서 주요 지도자들의 참석을 요청했다. 지도자들이 연합된 교회를 떠나지 않기를 소망하며 며칠 동안 어떤 일이 일어나는지 예

의주시하고 있는 상황이었다.

당시 정치·경제·사회 모든 면의 총체적 혼란 상황에서 70개가 넘는 서로 다른 정치 집단들이 활동했는데, 조선민주주의 인민공화당이 대부분의 작은 당들을 지배했고, 이 중에서 공산당은 조선민주주의 인민공화당과 같은 목표를 가지고 있어서 이 두 당은 정권을 획득할 경우 곧 병합할 것으로 예측했다. 인민공화당이 모든 지역에서 영향력을 행사하며 사실과 다른 반만 사실인 안건을 내놓고 있는데도 미군 정부는 아무런 대응책도 없었다.

최고의 두 신문사는 출판을 못 하게 묶여 있는 반면 한몫 챙기려는 자들은 조그마한 인쇄소를 소유해서 신문을 만들고 있는 상황이었다. 이처럼 군 정부는 고비마다 손발이 묶여 있어, 미군정이 이곳에서 계속 일할 수 있도록 기도를 요청했다. 당시의 상황으로는 한국이 두 달 안에 미국에서 떠나 세상에서 가장 무자비한 세력의 손으로 넘어갈 것처럼 인식되었다.

윌리엄스 선교사는 양주삼 박사로부터 들은 정보와 직접 본 것들을 토대로 1945년 12월 31일 서울에서 소식을 다시 전했다.

> 어제 앞으로 5년간 한국이 신탁 통치를 받아야 한다는 '4대 강국의 모스크바 조치'에 대한 뉴스가 전해져 한국인들과 함께 슬퍼했습니다. 일본도 똑같이 신탁 통치될 것이라는 사실을 라디오를 통해 들었을 때, 그리

나쁜 것만은 아니었습니다. 가까운 미래에 한국의 남과 북을 한-국 이렇게 반으로 구분하는 38선을 제거할 수 있기를 바랍니다. 신탁 통치에 대한 굉장히 큰 데모가 있었지만 밤에는 꽤 조용합니다. 그들이 결과에 만족하지 못해 데모하는 것을 비난하지 않으며, 한국인들이 열심히 노력한다면 신탁 통치의 기간을 5년에서 2년으로 줄일 수도 있을 것입니다. 한국 사람들이 할 수 있다면, 미국 역시 긴 기간의 통치를 원하지 않을 것입니다. 한국인들은 한국이 성공할 수 있도록 하나로 일할 것입니다.

지금까지는 인플레이션과 높은 가격, 그리고 모든 사람들의 이기적인 행동 때문에 혼란이 대단합니다. 이곳에서 우리가 할 수 있는 일을 하고는 있지만, 모든 것이 우리가 없는 것처럼 돌아가고 있습니다. 선교사들이 다시 올 수 있도록 워싱턴의 힘이 필요합니다. 지금 이곳은 많은 돈과 집이 없으면 아무 의미 없는 곳입니다. 우리도 만약 먹을 것과 입을 옷, 미군의 배급량 그리고 우리가 머무는 미군 정부의 집이 없었다면 어떻게 되었을지 모를 상황입니다.

이와 같이 경제적인 문제도 심각했다. 일본인들이 물러가면서 마구 찍어 낸 돈으로 인해 심각한 인플레이션을 겪는 중이었으며, 그로 인해 중국에서 진짜 돈을 가지고 한국으로 들어오려는 사람들을 제지해야 했다. 그들이 그 돈을 가지고 오면 더 심각한 인플레이션이 발생하기 때문이다. 고물가, 부족한 교통수단, 연료 부족,

쌀 부족 등이 여러 곳에서 일어났다.

  1946년 5월 9일 편지에 쓰인 물가 자료에 의하면 말 한 필을 먹이기 위해서는 하루에 100엔이 드는데, 이것은 대략 5달러였다. 남자의 하루 노동 인건비는 100엔, 하인들은 한 달에 1,000-1,500엔을 받았다. 당시 다섯 식구가 한 가정인 집에서는 적어도 한 달에 3천 엔이 필요했다. 그러나 미군정에서 주는 월급의 엔화 환율은 1달러에 고작 15엔이라고 밝히고 있다. 즉, 미국 1달러는 공식 환율로 15엔인데, 한국의 현지 시장 환율은 90-100엔이라고 밝히고 있다.

  윌리엄스 선교사는 "우리는 군대 배급을 받기 때문에 음식 문제는 없지만…"이라면서 말을 줄이고 있다. 그 뒤의 이야기는 편지를 읽는 사람이 판단해 보라는 의미다. 즉, 선교사 월급으로 살아가기에는 물가가 어마어마하므로 자비로 오려는 선교사들은 거의 불가능하다고 전하고 있다. 선교사를 다시 파견하려는 선교회 본부에서도 큰 비용이 부담되기는 마찬가지였다.

  1946년 7월 21일 편지에 보면 장마와 열기 속에서 타격이 컸음을 전하고 있다. 사람들이 산에 있는 대부분의 나무들을 잘라 내어 땔감으로 사용했다. 그 결과 비가 오면 물을 멈출 수 없어 언덕의 땅은 들판으로, 들판의 땅은 시내로 쏠려 내려갔고, 시내와 강은 넘쳐서 자산들이 파괴되었다. 또한 곡식이 있는 들판은 황폐화 되었으며, 심지어 인명 피해도 일어났다.

▶ 나무가 없어 민둥산으로 드러난 공주 영명동산(사진: GCAH, The United Methodist Church).

광복 후 한국의 상황을 한마디로 요약하면, 정치는 혼란하고, 사회는 불안하며, 경제는 물가가 천정부지로 올라 걷잡을 수 없으며, 자연마저 삶을 피폐하게 만드는 상황이었다. 이러한 상황을 두고 사면초가라 표현하면 딱 맞을 것이다.

이러한 시기에 기댈 곳은 미국밖에 없었다. 해방 후 23일 만인 1945년 9월 8일에 미군 1만여 명을 이끌고 남한에 진주한 미군정 책임자 하지 사령관(중장)은 그해 11월 미국 정부에 선교사들의 귀환을 청원했다. 이에 미국 정부는 혼란한 해방 공간에서 미군정을 지원해 줄 적임자들이 선교사임을 알고 이들에 대한 귀환을 지원했다. 이때 제일 먼저 귀환한 선교사 그룹들이 장로교의 언더우드 선교사(1945. 10. 26.), 감리교의 윌리엄스 선교사(1945. 11. 1.), 피셔(J. E. Fisher) 선교사(1946. 1.) 및 1902년에 순교한 감리교 최초의 선교사인 아펜젤러 선교사의 딸 앨리스 레베카 아펜젤러 선교사(1946), 그리고 남장로교의 윌슨(R. M. Wilson) 의료 선교사 등이었다.

이들은 선교사 고유의 사역뿐만 아니라 미군정청에서 각 분야별 자문관 역할을 함께했다. 효과적인 군정을 위해서는 갑자기 한국에 배치된 군인들만으로는 불가능했기에 한국의 언어, 역사, 문화 및 풍습을 수십 년간 온몸으로 체득해 온 선교사들의 도움이 절실하게 필요했던 것이다. 이와 같이 미군정의 적극적인 협력 체제를 갖춘 선교사 2세들은 대한민국이 기독교 국가로 시작할 수 있도록 기도하기 시작했다.

특히 공주에서 활동했던 윌리엄스 선교사의 아들 조지(우광복)는 미군정 책임자 하지 사령관의 통역관과 특별 보좌관으로, 언더우드 선교사의 아들 원한경은 민간인 군정 고문으로, 또 노블 선교사의 아들 헤라클(Herakl Noble)은 하지 사령관의 정치 연락 장교로 활동하면서 군정부 안에 필요한 한국인 요인들을 많은 그리스도인으로 천거한 바 있다. 1946년 미군정의 고위직에 임명된 50명의 한국인 중에서 35명이 그리스도인이었으며, 또한 미군정의 11명의 행정 고문 중 6명이 개신교인, 3명이 목사였다. 이 시기의 전체 국민에서 그리스도인 비율이 채 2퍼센트가 되지 않은 점을 고려한다면,

미군정 정부 내의 높은 그리스도인 비율은 우리나라에 기독교가 뿌리 내리게 하는 데 알게 모르게 많은 기여를 했음이 분명하다.

21.
순교자 기념 교회

신문 발행인들은 자극적인 이야기들을 원한다는 그 말에 동의합니다. 저는 '45년 후'라는 제목이 좀 더 호소력이 있다고 생각했는데 꼭 그렇지는 않았습니다. 제가 베이커라면 한쪽으로 치우친 기사라도 받았을 겁니다. 그가 어디에서 때로는 희고 때로는 검게 색을 칠할 수 있는 정보를 들었는지 궁금했지요. 그는 저와 조금만 이야기했으나 며칠이 안 되어 알아야 할 것을 다 알고 있었습니다. 그래서 걱정이 되긴 했지만, 저 역시도 서울 외곽에 설립된 초창기 감리교회에 대해 듣고 싶었습니다. 새 교회를 위해 약간의 헌물을 구할 수 있었고, 그 후 출타했을 때는 교회 설립 50년이 되는 1952년에 지어질 기념 교회가 건축될 때까지 쓸 수 있도록 옛 교회를 수리하고 있었습니다. 교회 사람들이 제게 전한 말에 의하면, 그 건축물은 이야기에 나온 그때 목숨을 잃은 그 남자를 기념하는 것입니다. 그곳에는 80명의 젊은이들로 이루어진 반이 있었고, 모든 것은 잘되어 가고 있었습니다.

1949년 3월 1일에 뉴욕 선교 본부로 보낸 편지의 일부다. 1952년에 50주년이 된다면 교회는 1902년에 설립된 교회다. 즉 1902년에 목숨을 잃은 한 남자의 사건을 기념해서 50주년에 기념 건물을 건축한다면 분명 교회적으로 매우 중요한 인물이었을 것이다. 신문기사 제목을 '45년 후'라고 하자는 등 앞뒤가 애매모호하긴 하지만 편지를 주고받는 당사자 간에는 서로 알고 공유하는 사안이기에 이해는 된다. 1902년에 감리교단에서 발생한 교회적으로 의미 있는 한 남자의 죽음, 바로 아펜젤러 선교사의 죽음을 의미하는 내용이다.

1947년 11월 22일에 윌리엄스 선교사가 뉴욕 선교 본부로 보낸 편지에 의하면, 그가 미군정 농업정책 고문관 업무로 인해 한국 농업협회가 모델마을을 구축하기 위해 선정한 무치내 마을에 가게 되었는데, 알고 보니 그곳은 기독교 마을이었고 45년 전인 1902년에 교회가 헌당되었던 곳이었다고 전하고 있다. 그러면서 무치내 마을의 교회 재건을 위해 500달러의 기부금을 요청하고 있다. 그러면 무치내 마을 교회와 아펜젤러 선교사는 무슨 관계가 있는 걸까? 어떤 이유로 아펜젤러 선교사 순교 50주년인 1952년을 목표로 3년이나 앞두고 기념 교회를 건축하는 걸까?

아펜젤러 선교사는 27세 되는 해인 1885년 4월 5일 부활절에 제물포항을 통해 조선에 들어왔다. 그는 최초의 근대 학교인 배재학당과 한국 최초의 개신교회인 정동교회의 전신 벧엘교회를 세워 우리나라 근대 교육과 기독교의 초석을 놓았다. 그는 이후 17년간 복음과 사랑을 전하다가 1902년 44세의 젊은 나이에 안타깝게도 순교하고 말았다.

1902년 6월 11일, 아펜젤러 선교사는 전남 목포에서 개최되는 성경 번역 회의에 참석하기 위해 이동하던 중 타고 있던 배가 서해의 고군산열도 어청도 인근 해역에서 안개 속에 일본 상선과 충돌하는 사고가 일어났다. 배가 침몰하기 시작했는데도 아펜젤러 선교사는 자기가 데리고 가던 조수와 친지의 부탁을 받고 데려가던 여학생을 구해 내려다가 자신의 목숨을 잃고 말았다. 조난당한 배에서 살아남은 사람들의 증언에 의하면, 선교사는 충분히 탈출할 수 있는 시간이 있었음에도 불구하고 배 아래 칸 3등 선실에 있던 한국인 조수와 여학생을 구하려고 내려갔다가 참변을 당했다고 전한다.

그는 수영에 능숙했을 뿐 아니라 시간적으로 탈출할 수 있었음에도 마지막 순간 그가 복음을 전하러 온 조선 사람 두 명을 살리려고 노력하다가 순교하고 말았다. 생의 마지막 순간에도 사랑과 봉사와 희생의 정신을 나타내 보인 것이다. 그가 23세 되던 해인 1881년에 선교에 헌신하면서 일기장에 기록한 "내 생애의 야심은 주님을 섬기는 일에 전체를 바치는 데 있다"는 내용처럼, 그는 주님을 섬기는 일을 하러 와서 온 생애를 다 바쳤다.

이 사고가 있기 직전 1902년 어느 날, 서울 근교의 무치내교회로 예배를 인도하기 위해 철도 공사장을 지나가고 있던 무어 감독과 아펜젤러 선교사 일행을 일본인 노동자들이 가로막고 몽둥이로 때리기 시작했다. 당시는 우리나라에 대한 패권을 차지하기 위해 일본과 러시아 간에 전운이 감돌던 때라 일본인 노동자들이 철길을 건너는 아펜젤러 일행을 러시아인으로 오인하고 폭행을 가한 것이다. 아펜젤러 선교사는 얼굴에 피를 흘리며 쓰러졌고, 이에 병원으로 실려 가 치료를 받게 되었다. 그러나 아펜젤러 선교사는 완전한 치료도 받지 못한 채 목포에서 열리는 성경 번역 회의에 참석하기 위해서 조수와 친구에게 보호를 부탁받은 여학생을 데리고 제물포에서 배를 타고 목포로 향하게 되었다.

안타깝게도 무치내 마을이 어디인지 현재 추적되지 않고 있어 1952년에 건축된 아펜젤러 기념 교회가 존재하는지도 불분명하다. 하지만 아펜젤러 선교사의 사랑, 희생의 삶과 죽음은 이 땅에 복음을 널리 전하고 교회를 세우는 반석이 되었다. 아버지가 서해상에서 불의의 사고로 순교했을 때 어린 소녀였던 딸 아펜젤러 양은 미국에서 학업을 마친 후 한국에 와서 스크랜턴(Scranton) 선교사가 세운 이화학당의 학장으로 봉사했고, 아들 아펜젤러는 배재학당의 교장으로 봉사하는 등 대를 이은 한국 사랑을 전했다.

▶ 전북 군산시 내초도에 설립된 아펜젤러 순교 기념관.

22.
유관순 열사의 스승 앨리스 샤프 선교사

샤프 선교사는 미국 오하이오 주에서 교역자로 일하다가 1903년 31세의 나이에 미국 감리교 선교사로 내한했다. 서울 황성기독교 청년회(YMCA)에서 헐버트, 언더우드, 에비슨, 게일 등과 함께 초대 이사로 기독교 청년 운동을 활발히 펼치면서 정동제일교회와 배재 학당에서 교육을 담당했다.

그는 서울에 온 지 3개월 만에 그보다 3년 먼저인 1900년에 서울에 와서 이화학당 선생과 상동교회에서 스크랜턴 대부인과 사역하고 있던 앨리스 하몬드(Alice Hammond, 1871-1972) 선교사와 결혼했다. 어떻게 조선에 오자마자 결혼을 했을까? 사실 이들은 미국 뉴욕에 있는 선교 훈련 기관에서 교육받을 때부터 알고 지낸 사이인데, 샤프 선교사가 프러포즈를 했으나 하몬드 선교사는 그의 나라와 의를 구하는 일이 먼저라면서 조선 선교사로 온 것이었다.

▶ 샤프 선교사 부부가 지은 선교관으로 충청 지역 최초의 서양식 건축물이다. 앨리스 선교사는 이 집에서 13세 소녀 유관순을 양녀로 삼아 2년간 같이 살며 그가 세운 영명여학교에서 교육했다(사진: 《논산제일감리교회 100년사》).

이들 부부는 1904년에 새로 개설되는 감리교 공주 선교 기지의 책임자로 임명되어 공주에 충청도 최초의 서양식 벽돌 양옥집을 짓고 이주했다. 그는 아내와 함께 당시 충남 지역의 중심이었던 공주에 선교 본부를 두고 충청도 전역에서 농촌 선교의 어려움을 극복하며 순회 선교를 했다.

그러던 중 1906년 초, 추운 겨울 날씨임에도 강경과 논산 지역에서 전도하고 귀가하던 중 벌판에서 만난 진눈깨비가 화근이었다. 인근의 산모퉁이에 있는 초가를 발견하고 잠깐 피신한 그곳이 하필 상엿집이었고, 불행하게도 발진티푸스로 죽은 사람의 장례를 치른 상여를 만진 것이 그만 죽음으로 이어지고 말았다. 신혼의 아내 앨리스의 정성 어린 간호와 교인들의 눈물 어린 보살핌과 기도가 있었으나 1906년 3월 5일, 34세의 젊은 나이로 부르심을 받았다. 샤프 선교사로서는 한국에 온 지 3년째, 공주에 정착한 지는 채 1년이 안 된 시기였다. 앨리스 선교사는 이때의 비극을 이렇게 승화시키고 있다.

> 우리는 11월 새 집에 입주했다. 하나님은 우리 부부를 새 집에서 4개월 동안 함께 지내게 해 주셨다. 그런 후 주님은 내 남편을 보다 밝은 집으로 인도해 가셨다.
>
> 주님은 지난 수개월 동안 남편으로 하여금 그 집에 들어갈 준비를 하도록 인도하셨다. 또한 주님은 내게 여기에는 영구한 도성이 없음을 깨닫게 해 주셨다.
>
> 〈중략〉

우리가 당한 고난이 크고 잃은 것이 많지만, 하나님은 어떤 식으로든 선한 길로 인도하실 것이기 때문에 우리는 그것을 믿고 두려워하지 말아야 할 것이다.

▶ 샤프 여사의 한국 이름은 '사애리시'로 불렸으며, 사람들은 보통 존경의 표시로 '사부인'이라 불렀다. 영문 성 샤프가 한국 성 '사' 씨가 된 것이다. 묘비 옆에 선 그녀의 사진 밑에 누군가 이렇게 적어 놓았다. "공주에서 순교해서 선교사의 집 위편 동산에 묻힌 남편 샤프 목사의 무덤 옆에 선 샤프 여사"(Mrs Sharp standing by the grave of her husband Rev. Sharp, who died in Kongju, and is buried on the mountain side above the mission house.)(사진: GCAH, The United Methodist Church).

충청 지역 근대 여성 교육의 어머니

남편과 함께 선교하며 영명여학교의 전신인 명선학당을 설립해 운영하던 결혼 3년차 신혼의 사애리시 부인에게 남편 샤프 선교사의 죽음은 청천벽력이었고, 모든 소망이 멀어져 가는 느낌이었다. 그때까지 이들 부부에게는 아이도 없었다. 사애리시 부인은 침착하고 다정다감하면서도 추진력과 인내가 뛰어난 여성이었음에도 불구하고 남편의 죽음은 엄청난 충격이었다. 그 일로 인해 장례를 치른 후 그녀는 미국으로 돌아갔다. 아래 글은 《영명 100년사》에서 전하는 사애리시 부인의 이별 장면이다.

> 사애리시 부인이 명선학당의 운영을 스웨어러 여사에게 맡기고 공주를 떠나던 날 교회와 학당은 울음바다가 되었다. 이별의 슬픔 위에 남편을 잃고 자신의 소망을 버리고 떠나는 사애리시 부인의 모습이 너무나 애처로워 떠나는 사람이나 떠나보내는 사람들 모두가 가슴이 뭉클 하는 심정에 몸 둘 바를 몰랐다.

그러나 우리는 이제야 그녀의 마음을 어렴풋이나마 짐작할 수 있을 것 같다. 그녀가 진정 하나님이 주신 소명을 버리고 한국 땅을 떠날 결심을 했었다면 남편의 유골함을 안고 미국으로 귀국하지 않았을까? 언제일지 모르지만 다시 돌아와 "뒤에 있는 것은 잊어버리고 앞에 있는 것을 잡으려고 푯대를 향하여 그리스도 예수 안에서 하나님이 위에서 부르신 부름의 상을 위하여 달려가노라" (빌 3:13-14) 고백했던 바울의 고백을 실현하려고 사랑하던 남편의 육신을 영명동산에 남겨 두고 홀로 떠났던 것이리라.

미국에서 약 1년여의 안식년을 보낸 샤프 부인은 마침내 1908년 8월에 영명동산에 있는 남편 곁으로 돌아와 선교 활동을 계속했다. 1909년에는 강경 만동(萬東)여학교와 논산 영화(永化)여학교를 세웠으며, 이 땅의 여성들을 개화하기 위한 여성 교육에 헌신해서 유관순과 같은 걸출한 독립 운동가를 길러 내었다. 한국 최초의 여자 경찰서장을 역임한 노마리아, 한국 최초의 여자 목사 전밀라 및 철도간호학교를 세웠던 박한나 권사 등이 영명여학교에서 그의 가르침을 받았다. 이러한 여성 교육에 대한 공로로 은퇴 직전인 1938년에 그의 공적비가 영명학교 내에 건립되어 오늘에 이르고 있다.

사애리시 선교사는 1900년에 내한해서 1940년 일제에 의한 선교사 강제 철수 조치가 있기 직전인 1939년까지 39년간 한국에서 교육 선교에 헌신했다. 1930년 발행된 〈동아일보〉는 그녀에 대한 기사를 실으면서 그 제목을 다음과 같이 뽑고 있다.

三十餘年을一日가티   삼십여 년을 하루같이

敎育과宣敎에獻身   교육과 선교에 헌신

敎育機關實로十一個所   교육 기관 실로 11개소

고결한처녀로화갑을맛나 고결한 처녀로 화갑을 맞나

公州의「시애리시」孃   공주의「시애리시」양

▶ 사애리시 선교사의 업적을 소개하고 있는 1930년 〈동아일보〉 기사.

유관순의 스승 사애리시 선교사

유관순은 13세이던 1914년에 사애리시 선교사가 운영하던 영명여학교에 입학해서 1915년까지 2년을 공부하고, 사애리시 선교사의 주선으로 이화학당에 교비장학생으로 3학년에 편입한다.

유관순은 1919년 4월에 벌어진 병천 아우내 장터의 만세 운동에서 두 살짜리 조카 유제경을 등에 업고 만세 운동을 주도했는데, 그 조카는 후에 공주사범대학 교수를 지냈으며 애국훈장 애족장을 받은 애국지사다. 유제경 교수는 사애리시 선교사의 학비 지원으로 학업을 할 수 있었다고 그의 일기에서 밝히고 있다. 그의 어머니는 사애리시 선교사의 제자였던 한국 최초의 여성 경찰서장 노마리아 여사다.

유관순 가문은 독립운동과 관련해서 부모, 형제 및 조카까지 3대에 걸쳐 총 아홉 명이 애국훈장을 받은 그야말로 대한민국 독립운동사에 빛나는 가문인데, 그 중심인 유관순에게 신학문을 가르치고 민족정신을 교육시킨 사람이 바로 사애리시 선교사인 것이다. 유관순 열사가 사애리시 선교사의 제자임을 언급하는 내용은 2018년 3월 28일자 〈뉴욕타임스〉(The New York Times) 부고란 기사에서도 다루어지고 있다.

〈뉴욕타임스〉는 이미 사망한 과거의 여성 중에서 그들의 사회적

▶ 〈뉴욕타임스〉(2018. 3. 28.)에 실린 유관순 열사의 3·1 독립운동 관련 기사.

기여가 더 이상 간과되어서는 안 될 여성 지도자들을 발굴해서 싣는 부고란을 창설하고 거기에 유관순 열사의 독립운동 내용을 설명하면서, 유관순 열사와 사애리시 선교사의 스승-제자 관계를 언급하고 있다. 사애리시 선교사와 유관순 가문과의 관계는 이렇게 밀접했으며, 이는 우리가 더 밝혀 내고 기려야 할 커다란 과제이기도 하다.

제자가 회상한 사애리시 선교사

일제의 선교사 추방령에 의해 한국 나이로 70세에 한국을 떠난 이후 사애리시 선교사에 대한 행적은 여태껏 한국에 알려진 적이 없었다. 그러던 중 몇 년 전 공주 영명동산 순례를 온 서울 어느 교회의 제직자들에게 강연을 하는데 자기 어머니가 사애리시 선교사의 아끼던 제자였다며 손을 드는 분이 있었다. 귀를 의심하며 앞뒤를 맞추어 본 결과 그 제자는 당시 98세로서 미국 LA에 살고 계신 박한나 권사라는 사실을 알게 되었다. 그해 겨울 곧바로 LA를 방문해서 박한나 권사를 만났다. 그리고 그와 그 가족들이 간직한 일대기를 추적해서 40년도 더 전에 작고하신 사애리시 선교사의 마지막 거주지와 영면하는 납골원을 파악하게 되었다.

사애리시 선교사의 가르침 아래 영명학교와 세브란스 간호학교를 졸업한 후 철도 간호학교의 설립을 주도해 한국 간호학계의 큰 별이 되신 박한나 권사의 가족은 그야말로 사애리시 선교사의 교육으로 천지개벽해서 커다란 은혜를 경험하게 되었다. 그 가족사가 하나님의 축복의 통로가 됨을 100세를 눈앞에 둔 박 권사는 감사함으로 증언했다.

박한나 권사의 '한나'라는 이름은 사애리시 선교사로부터 받은 이름이다. 박한나 권사는 "하루는 영명동산의 계단 옆에서 사애리시 선교사님이 속이 안 좋아 구토를 한 후에 발로 낙엽을 끌어와 덮는 모습을 보고, 저렇게 외롭고 쓸쓸하고 아픈데도 아무도 도와줄 사람이 없는 인생을 사는 선교사님이 불쌍하기도 하고 마음이 짠했는데, 내 평생에 그 모습이 선하다"고 회상했다.

사애리시 선교사는 아침마다 남편 샤프 선교사의 무덤을 향해 "오늘은 부여 갑니다", 그다음 날은 "논산과 강경에 갔다 옵니다" 하고 매일 애기하듯이 보고하면서 일생을 그렇게 보냈다고 한다. 그리고 그녀는 항상 오르간 위에 아들같이 젊은 남편의 사진을 놓고 생활했다고 회상했다.

박한나 권사는 또한 사애리시 선교사의 목소리가 너무 아름다웠다며, 오르간 반주를 하며 찬송가〈예수가 우리를 부르는 소리〉를 늘 함께 부르곤 했다고 회상했다. 사애리시 선교사는 박한나 권사에게 오르간 연주법을 가르쳐 주었는데, 박한나 권사는 이때 배운 실력으로 이후에 교회에서 피아노 반주를 했으며, 100세를 눈앞에 둔 지금도 가끔 피아노 반주를 하며 찬송하면 함께 사는 사위가 놀라곤 한단다.

찬송가 559장 〈사철에 봄바람 불어 잇고〉와 579장 〈어머니의 넓은 사랑〉 등 100여 곡 이상을 작곡해서 한국 찬송가의 개척자로 불리는 구두회 교수와는 이때 주일학교를 같이 다녔다고 회상했다. 즉, 한국 찬송가의 개척자도 사애리시 선교사의 제자였다는 설명이다.

사애리시 선교사는 행방불명된 독립군 아버지를 둔 오애리시를 입양해서 키우며 박한나 권사와 함께 세브란스 간호학교에 입학하도록 했는데, 이들은 방학마다 공주에 내려와 사애리시 선교사 집에서 함께 생활하면서 인근 지역으로 사경회와 합창, 크리스마스 공연 등을 함께 다니며 전도했다고 한다.

한 번은 친구와 함께 샤프 선교사의 묘소를 방문했을 때 사애리시 선교사가 "앞으로 너희들이 샤프 목사님의 비석을 잘 돌보아 달라"는 특별한 부탁을 했다고 한다. 그로부터 한참 뒤 친구와 함께 샤프 선교사의 묘역을 찾았을 때 비석이 넘어져 있어 영명학교 황인식 교장에게 바로 세워 줄 것을 건의했는데, 학교 측에서 더 높은 곳에 있던 아멘트 선교사의 아들 묘가 있는 곳으로 옮기면서 비석도 똑바로 세웠다고 회상하며, 그때의 사애리시 선교사의 부탁을 들어주게 되어 그분의 은공에 조금이나마 보답하게 된 것 같아 기뻤다고 회상했다.

박한나 권사의 남동생이 이민을 떠날 때 "미국에 가면 꼭 사부인을 찾아가 감사 인사를 드리거라" 하시던 어머님의 말씀을 따라 1972년에 사애리시 선교사를 찾았는데, 안타깝게도 2주 전에 소천하셨다는 요양원 직원의 말에 그는 그 자리에 털썩 주저앉고 말았다고 한다. 그는 직원의 안내에 따라 아직 정리되지 않은 사애리시 선교사가 쓰던 방을 방문하게 됐는데, 그 안에 남겨진 유품이라고는 낡은 성경책과 옷가지 몇 벌 그리고 오래된 트랜지스터라디오 한 대뿐이었다고 한다. 빛도 없이 이름도 없이 살다가 가신 사애리시 선교사의 고귀한 생애를 생각하니 돌아오는 길은 자기 삶에 대한 눈물의 회개 시간이었다며 그는 자서전을 통해 전하고 있다.

박한나 권사와 약 두 시간 동안 인터뷰를 진행한 뒤 모두 함께 사애리시 선교사의 납골묘원을 방문했다. 하나님 나라에서 영생을 누리시는 사애리시 선교사에게는 70-80년 만에 이루어진 애제자의 첫 방문이었고, 어쩌면 그분 인생의 꽃다운 시기를 다 바친 선교지 공주로부터의 첫 방문과 헌화였는지도 모른다.

그곳에서 100세 잔치를 앞둔 박한나 권사의 평생을 사모하던 사애리시 선교사에 대한 즉석 기도 내용을 여기에 담는다.

오늘 주님을 위해 일생을 외롭고 아프고 쓸쓸하면서도 주님의 사랑을 증거한 사애리시 선교사님의 묘소에 저희들 찾아왔습니다. 오늘 이렇게 귀한 시간을 허락하신 주님의 은혜에 감사합니다.

20대에 남편 따라 고국을 떠나 우리나라에 와서 일평생 혼자서 외롭고 쓸쓸하고 아프면서도 주님의 사랑을 증거한 사애리시 선교사의 무덤에 찾아왔습니다. 주님, 그의 외롭고 쓸쓸한 삶에 주님께서 항상 친구가 되고 지켜 주시고 인도하시고 보호하여 주셨음을 감사드립니다.

저희도 그의 빛나는 삶을 본받는 삶을 살 수 있도록 저희 신앙심을 주님께서 북돋워 주시옵소서. 주님, 아직도 주님을 모르는 이 세상 모든 사람들에게 주님의 이 귀한 사랑을 증거할 수 있는 증인의 삶을 살 수 있도록 저희 각자에게 힘을 주시옵소서.

저희들이 남은 생 온전히 주님의 사랑을 증언하는 증거하는 삶을 살 수 있도록 사랑 많으신 예수님 이름으로 기도드립니다.

미국 나이로 101세에 부름을 받으신 스승 사애리시 선교사의 묘소 앞에서 100수를 앞둔 제자가 드린 추모기도 내용의 핵심은 '주님의 사랑을 증거하는 삶'이었다. 박한나 권사는 덕분에 꿈에 그리던 사애리시 선교사가 잠들어 있는 묘소를 찾게 되었고, 처음으로 기도와 헌화를 하게 되어 기쁘고 여한이 없다며 정말 감사하다는 표현과 함께 아쉬운 작별 인사를 했다. 박한나 권사는 스승 사애리시 선교사에 대한 많은 증언과 함께 그 묘소까지 확인시켜 준 뒤에 그 이듬해 봄 자손들로부터 100수 잔치를 받고 초여름에 하나님의 부르심을 받았다.

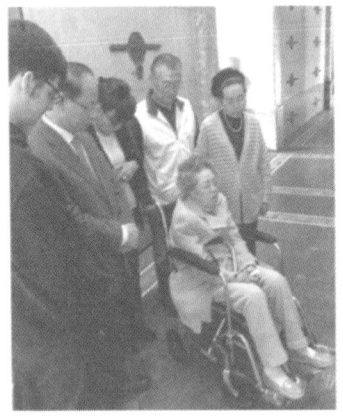

▶ 사애리시 선교사의 애제자 박한나 권사(중앙)의 가족과 함께 찾은 사애리시 선교사의 납골묘(2015. 12. 29. Pasadena, CA). 사진 뒷줄 우측부터 박한나 권사의 첫째 딸 부부(허리훈 전직 대사), 사애리시 선교사의 행적을 찾는 데 도움을 준 셋째 딸, 필자, 납골원 직원. 두 송이의 헌화 중 한 송이는 70여 년 만에 처음으로 스승 앞에 선 제자가 바쳤으며, 다른 한 송이는 선교사의 39년 선교지를 대표해서 필자가 바친 꽃이다.

사애리시 선교사 기념사업

130여 년 전에 조선 땅에 첫발을 내디디며 뿌린 선교사들의 주님 사랑이 열매를 맺어 이제 한국은 전 세계 171개국에 2만 7천 명 이상의 선교사를 파송한 선교 대국이 되었다. 이 땅에 생명의 피를 바치기까지 주님의 사랑을 전한 선교사들의 업적을 기리고 복음 전도의 전초 기지 역할을 했던 선교 유적들을 온전하게 보전해서 선교 정신과 함께 우리 젊은이들과 후대에 전하는 일이야말로 주님이 기뻐 받으실 우리의 과제일 것이다.

그중에서도 근대 여성 교육의 어머니이며 독립운동의 표상인 유관순에게 신앙과 민족교육을 시킨 사애리시 선교사의 유해를 공주 영명동산에 잠들어 있는 그의 남편 묘소 옆으로 이장할 수 있다면 부부의 생전 못다 한 사랑의 아쉬움을 달래는 한편 우리 후손들에게도 커다란 교육의 현장이 될 것이란 생각으로 미국을 향했다. 한국과 미국을 오가며 네트워크 구축을 위한 2년 남짓의 노력 끝에 LA와 뉴욕의 몇몇 교회에서 한국의 근대화에 있어 중추적 역할을 했던 선교 사역과 유관순 열사의 첫 스승 사애리시 선교사 및 그의 남편의 순교했던 사역을 전하게 되었다.

마침 3·1운동 100주년인 2019년을 맞아 이러한 뜻에 동조하는 미국의 LA 및 뉴욕의 교인들과 사애리시 선교사의 39년 선교지의 후예들이 함께하는 '앨리스 샤프 선교사 기념사업추진위원회'가 출범하게 되었다. 사애리시 선교사의 유해를 공주 영명동산에 홀로 잠들어 있는 남편 곁으로 옮기는 일은 결코 쉽지 않은 과정이었다. 사애리시 선교사가 잠들어 있는 납골원 측과 수차례 협의를 진행했으나 후손의 동의가 없이는 유해 이전이 불가능하다고 했다. 하지만 사애리시 선교사는 자녀가 없었다. 그렇다고 미국 태생도 아닌데다 벌써 40여 년 전에 돌아가신 독신 선교사의 가까운 친척을 찾기란 쉽지 않은 일이었다. 한 가지 방법은 미국 법원에서 재판을 하는 일인데 이 또한 긍정적인 답을 얻는다는 확신이 없기에 망설여지는 일이었다.

▶ 3·1운동 100주년을 맞아 진행되는 '사애리시 선교사 부부와 유관순' 기념 동상의 스케치와 모형 작업 (조각가 심재현 장로).

대안으로 진행하게 된 일이 사애리시 선교사 부부와 유관순 열사를 한 작품으로 동상을 제작하는 것이었다. 이에 미국 LA에서 먼저 헌금 모금에 착수했다. 이와 같이 사람의 시각으로는 우연에 우연이 겹쳐서 '사애리시 선교사 부부와 유관순' 기념 동상이 영명동산에 건립되게 된 것이다. 3·1운동 100주년을 기념해서 진행된 '사애리시 선교사 부부와 유관순' 기념 동상 건립은 사애리시 선교사 기념사업의 끝이 아닌 시작이다.

앞으로 사애리시 선교사의 유해 이전과 함께 다큐멘터리 영화 제작, 여 선교사 기념관 건립 및 독립운동 유공자 추서 등을 포함하는 선교 유적 성역화 사업을 위해 많은 기도가 필요하다. 이러한 사역들은 앞으로 이 땅의 믿음의 후예들이 선교 정신을 본받으며 신앙을 회복하는 그루터기 역할을 하게 될 것이며, 이를 분명 하나님이 기뻐 받으실 것이라 믿는다.

참고 문헌 및 자료

- 공주대학교 참여문화연구소,《기독교역사 발굴 및 공주제일감리교회 근대문화유산 정비계획 용역보고서》, 2012.
- 공주시,《공주 옛 모습》, 1996.
- 공주대학교 공주학연구원,《미북감리회 선교유적정비 기본계획 수립》, 2015.
- 공주시지편찬위원회,《공주시지》, 2002.
- 공주제일교회,《공주교회 80년사》, 기독교대한감리회 공주제일교회, 1985.
- 공주영명중고등학교,《영명 100년사》, 2007.
- 권태원, '다양한 용도의 싸리나무', 〈한국목재신문〉, 2005.11.22.
- http://www.woodkorea.co.kr/news/articleView.html?idxno=7996
- 김동선, '미군정기 미국선교사 2세와 한국정치세력의 형성 – 윌리엄스(George Zur Williams) 와 윔스(Clarence N. Weems Jr.)를 중심으로',《한국민족운동사연구》, 2017.
- 김명래, '종교와 문화의 장벽을 넘어선 앨리스 샤프(ALice H. Sharp) 선교사',《공주의 선교 역사와 유산》, (사)한국선교유적연구회, 2017.
- 김성원, '선교사 양녀 유관순의 애국애족 모태 공주 영명고교(옛 영명학교)', 〈국민일보〉 미션라이프, 2011.8.29.
- 문화재청,《공주 중학동 구 선교사 가옥 기록화 조사보고서》, 2007.
- 박승길, '미군정의 종교 정책과 기독교의 헤게머니 형성',《사회과학연구》 5호, 효성카톨릭대 학교사회과학연구소, 1998.

- 서만철·김성배, '등록문화재 제233호 '공주 중학동 구 선교사가옥'의 유래와 보존현황',《보존 과학회지》34호, 한국문화재보존과학회, 2018.
- 송현강,《대전·충남 지역 교회사 연구》, 한국기독교역사연구소, 2004.
- 이덕주,《충청도 선비들의 믿음이야기》, 도서출판 진흥, 2006.
- 이덕주,《이덕주 교수가 쉽게 쓴 한국 교회 이야기》, 신앙과지성사, 2012.
- 위키백과, 한국 근대의 교육, https://ko.wikipedia.org/wiki/%ED%95%9C%EA%B5%AD_%EA%B7%BC%EB%8C%80%EC%9D%98_%EA%B5%90%EC%9C%A1
- 이덕주, '공주선교부 설립과 초기 사역',《공주의 선교역사와 유산》, (사)한국선교유적연구회, 2017.
- 이효상, '끈기와 저력으로 한국교회가 회복해야 할 순교신앙', 〈크리스천투데이〉, 2018.04.13.
- http://www.christiantoday.co.kr/news/311362
- 임봉대, '성경의 식물들 명칭 번역에 관한 소고',《성경원문연구》제31호(별책), 2012.
- 임연철,《선교사 史愛理施(사애리시, Alice H. Sharp) 전기》, 지경헌, 2019.
- 조재훈,《조재훈 문학선집 1 시선 I》, 솔, 2018.
- 지수걸, '공주지역 감리회공동체와 지역사회운동',《공주의 선교역사와 유산》, (사)한국선교유적연구회, 2017.

- 충청남도역사문화연구원,《공주근대사 자료집(개신교편)》, 공주시, 2012.
- 크리스천 웹진 소리,《세계선교의 역사와 현황》, 2008.
- http://www.cry.or.kr/news/articleView.html?idxno=730.
- 한국선교유적연구회,《공주의 선교역사와 유산》, 2017.
- 한규무, '지리산 노고단 선교사 휴양촌의 종교문화적 가치',《종교문화연구》 15호, 한신대학교 종교문화연구소, 2010.
- 황미숙, '선교사 마렌 보딩(Maren Bording)의 공주·대전 지역 유아 복지와 우유 급식소 사업',《한국기독교와 역사》 34호, 2017.
- E. M. 바운즈, 배응준 옮김,《기도에 네 인생이 달렸다》, 규장, 2011.
- Archives and History, The United Methodist Church, http://www.gcah.org/
- Missionaries of the WOmen's Foreign Missionary Society of the Methodist Episcopal Church, Fifty Years of Light, 1938.
- Chong Dong Methodist Episcopal Church, Minutes of the Korea annual conference of the Methodist Episcopal Church, 1914.
- Kang, Inyoung, Overlooked No More: Yu Gwan-sun. a Korean Independence Activist who defied Japanese Rule, 〈New York Times〉, 2018.3.28.
- The Christian Advocate, Died on the Field of Mission, 1906.3.15.